本书获中共广东省委党校 2024 年校（院）重大攻关课题项目"习近平总书记关于党的自我革命的重要思想的逻辑结构及原创性贡献研究"（XYZDGG202403）和中共广东省委党校青年岭南学者基金资助。

中华优秀传统廉洁文化概论

董娟 —— 著

南方传媒
广东人民出版社
· 广州 ·

图书在版编目（CIP）数据

中华优秀传统廉洁文化概论／董娟著. -- 广州：广东人民出版社，2024. 11. -- ISBN 978-7-218-18090-8

Ⅰ．D630.9

中国国家版本馆 CIP 数据核字第 2024WJ9485 号

ZHONGHUA YOUXIU CHUANTONG LIANJIE WENHUA GAILUN

中华优秀传统廉洁文化概论

董 娟 著

出 版 人：肖风华

出版统筹：卢雪华
责任编辑：伍茗欣
文字编辑：曾靖怡
装帧设计：奔流文化
责任技编：吴彦斌

出版发行：广东人民出版社
地　　址：广州市越秀区大沙头四马路 10 号（邮政编码：510199）
电　　话：（020）85716809（总编室）
传　　真：（020）83289585
网　　址：http://www.gdpph.com
印　　刷：广州小明数码印刷有限公司
开　　本：787mm×1092mm　1/16
印　　张：12.125　字　　数：200 千
版　　次：2024 年 11 月第 1 版
印　　次：2024 年 11 月第 1 次印刷
定　　价：58.00 元

如发现印装质量问题，影响阅读，请与出版社（020-85716849）联系调换。
售书热线：020-87716172

目录
CONTENTS

绪　论 ……………………………………………………… 1

　　一、问题的提出 …………………………………… 2

　　二、研究述评 ……………………………………… 6

　　三、研究方法 ……………………………………… 11

　　四、创新之处 ……………………………………… 12

第一章

中华优秀传统廉洁文化的基本理论问题 ………………… 15

　　一、中华优秀传统廉洁文化的核心原则 ………… 16

　　二、中华优秀传统廉洁文化的理论基础 ………… 31

　　三、中华优秀传统廉洁文化的重大意义 ………… 40

第二章

中华优秀传统廉洁文化的发展脉络 ······················· 46

一、先秦：中华优秀传统廉洁文化的奠基阶段 ············ 46

二、秦汉：中华优秀传统廉洁文化的发展阶段 ············ 62

三、魏晋南北朝：中华优秀传统廉洁文化的转型与深化阶段

··· 72

四、隋唐：中华优秀传统廉洁文化的完善与高峰阶段 ······· 78

五、宋元：中华优秀传统廉洁文化的多元发展阶段 ·········· 82

六、明清：中华优秀传统廉洁文化的巩固与收缩阶段 ······· 87

七、近现代：中华优秀传统廉洁文化的继承与创新阶段 ······ 92

第三章

中华优秀传统廉洁文化的典籍呈现 ······················· 103

一、中华优秀传统廉洁文化典籍呈现的形式 ·············· 103

二、中华优秀传统廉洁文化典籍呈现的特点 ·············· 128

三、中华优秀传统廉洁文化典籍呈现的意义 ·············· 135

第四章

中华优秀传统廉洁文化的价值维度 ······················· 140

一、文化属性：中华优秀传统廉洁文化的核心 ············ 140

二、社会功能：中华优秀传统廉洁文化的体现 ············ 143

三、历史传承：中华优秀传统廉洁文化的纽带 ············ 146

第五章

新时代中华优秀传统廉洁文化的全新风貌 ························· 150

一、新时代中华优秀传统廉洁文化发展的新特点 ·········· 150

二、新时代中华优秀传统廉洁文化发展的新机遇 ·········· 158

三、"两个结合"对中华优秀传统廉洁文化发展的新使命

··· 166

参考文献 ···································· 179

后　记 ···································· 187

绪　论

　　中华文化博大精深，中华优秀传统廉洁文化作为中华文化的重要组成部分，长期以来在我国社会发展和治理中发挥了重要作用，不仅是古代中国治理国家、规范社会行为的重要依据，也是现代社会倡导廉洁自律、诚实守信、礼仪仁爱等公序良俗的道德依据。无论是《管子·权修》中关于"廉耻"的论述，《官箴》中所强调的"公生明，廉生威"等思想精髓，还是包拯、海瑞等清廉典范广为流传事迹诠释的廉洁意义，都对中国历代的政治文化和社会道德产生了深远影响。

　　不可否认，在中国数千年的历史长河中，廉洁文化作为道德准则和社会行为规范，深入人心，形成了广泛的社会共识。从夏商周时期的"德治"思想到春秋战国时期的百家争鸣，廉洁思想一直是治国理政的重要内容。尤其在儒家思想的影响下，廉洁不仅被视为个人修养的重要方面，也是社会公正和国家治理的基本要求。《礼记·大学》的"正心诚意""修身齐家治国平天下"，《孟子·尽心下》的"民为贵，社稷次之，君为轻"，都体现了廉洁思想在古代中国的深远影响。进入封建社会后，廉洁文化在各个朝代得到了不同程度的继承和发展。秦汉时期，法家的严刑峻法和儒家的德治思想相结合，形成了"德法并举"的治国方略。汉武帝时的"推恩令"以及唐代的"贞观之治"时期,清廉官员受到朝廷和百姓的高度推崇。宋代名臣包拯以刚正不阿、廉洁奉公闻名于世,其事迹至今广为流传,成为廉洁典范。明清时期,廉洁文化进一步发展,明朝的海瑞以清廉著称,被誉为"南包公";清代的张伯行被誉为"天下第一清官",其所写的《却赠檄文》流传至今,影响深远。可见,廉洁文化在中国历史上的各个阶段,都以独特的方式对社会发展和国家治理产生影响,并成为中华传统文化瑰宝的一个重要组成部分,激励影响后人。

党的十八大以来,以习近平同志为核心的党中央以前所未有的决心和力度一刻不停地推进党风廉政建设和反腐败斗争,成效显著,深得民心。在这一背景下,深入研究中华优秀传统廉洁文化,探讨其在新时代的继承和发展,对于构建风清气正的党内政治生态和崇廉尚俭的社会风气具有重要意义。新时代的廉洁文化建设,不仅需要传承和发扬中华优秀传统廉洁文化的精髓,还需要结合现代社会的实际需求,探索新的理论和实践路径。本书通过对中华优秀传统廉洁文化的全面梳理和系统总结,旨在揭示其内涵和价值,探索其在现代社会中的应用,为新时代全面建设廉洁政治、廉洁社会提供理论指导和文化支持。

一、问题的提出

中华优秀传统廉洁文化是我国传统文化的重要组成部分,蕴含着丰富的道德智慧和行为准则。其核心价值在于强调诚信、正直、廉洁和自律,不仅对个人品德修养有重要意义,对于国家的发展和社会的进步也具有深远影响。"正""智""勇""忠""礼""信"

等优秀传统廉洁文化信条构成了我国古代为官道德楷模的基本要求。
在新的历史时期，深入研究这些价值观，并探讨其在现代社会中的
应用，具有重要的理论与现实意义。

（一）"正"：正直与清廉

"正"是中华优秀传统廉洁文化中首要强调的重要内容。如果说
古希腊学者对于"智慧""美德"有某种偏好，那么对于中华优秀
传统廉洁文化而言，没有什么价值纬度可以超越"正"这一最高原
则。例如，孔子在《论语·颜渊》中云："政者，正也。子帅以正，
孰敢不正"；《论语·子路》中云："其身正，不令而行；其身不正，
虽令不从"，强调了领导者自身正直以及道德楷模的表率以及重要
性，强调只有领导者自身正直，才能带动下属和民众的廉洁行为。
春秋时期的管仲在其撰写的《国颂》文中，更直截了当地提出，
"礼义廉耻，国之四维，四维不张，国乃灭亡"！"正"在中华优秀
传统文化中具有丰富内涵，除正直外，还包括清廉之意。因此，正
直与清廉是中华优秀传统文化中对于"正"的基本释义。例如，宋
代吕本中在《官箴》开首便强调，"当官之法，惟有三事，曰清、
曰慎、曰勤"，强调为官必须"正"的基本原则，但所谓"正"具
体表现在清、慎、勤，强调官员应当清正廉洁，不偏不倚，不受贿
赂，不徇私情。因此，"正"乃正直与清廉。"正"不仅是为官之
本，是社会道德的基石，更是维护社会公平和正义的重要保障。

（二）"智"：智慧与明辨

"智"作为中华优秀传统廉洁文化中的重要组成部分，不仅是指
知识和学问，更是指明辨是非、善恶的能力。《论语·雍也》中强

调，"智者乐水，仁者乐山"，因为在中华优秀传统廉洁文化中的智者，不仅指知识渊博之人，更是指具有明辨是非、善恶，拥有大智慧的人。唯有此，"智"才能帮助个体在复杂的局势中保持清醒头脑去"谋"，做出正确的选择去"断"，避免腐败和错误去"决"。因此，作为中华优秀传统廉洁文化中强调的重要原则之一，古代的智者如孔子、孟子、老子、庄子等，都强调"智"的意义与运用，认为"智"是"廉"的必要条件。

（三）"勇"：勇气与担当

"勇"，并非匹夫之勇，而是指"大勇"，即面对大是大非之时的决断与担当。"勇"是中华优秀传统廉洁文化中的另一个重要方面。不可否认，"廉"的实现倘若缺乏"勇"是万万无法成行的，即"廉"是需要勇气的。尤其在现实生活中，诱惑、利益、威胁甚至危险无处不在，而人之本性有天生的"贪""痴""嗔"，因此，时刻保持清正廉洁需要坚定的信念与坚韧坚守的勇气。纵观留名青史的清官廉吏如乐喜、包拯、海瑞、张伯行等，都需要勇气来拒绝贿赂和不正当的利益。"勇"让官员能够无畏地坚持正义，维护公平和公正，敢于同腐败现象作斗争。现代社会同样需要这种"勇"，要有担当的同时，敢于揭露和纠正腐败行为。

（四）"忠"：忠诚与责任

"忠"是指忠诚。忠诚是中华优秀传统廉洁文化中的核心价值观之一，不仅是对国家、民族的忠诚，更是对职责、原则的忠诚。作为传统社会的道德标准，"忠"是传统廉洁文化的重要原则之一。例如，司马光《训俭示康》中的"君子以为忠"，《礼记》中的"不宝金玉，而忠信以为宝"，以及岳飞在面对权力和利益的诱惑时，始终保持的忠诚，不为个人私利而动摇等，足见"忠"让官员在履行职责时能够全心全意、恪尽职守。因此，"忠"不仅是一种道德要求，更是一种职业操守，是官员应具备的基本品质。

（五）"礼"：礼仪与尊重

"礼"是指礼仪。礼是中华优秀传统文化中的重要组成部分，也与廉洁文化密切相关。礼仪不仅是一种外在的形式，更是一种内心的修养。在古代，官员在处理公务时需要遵循礼仪，不仅是对他人的尊重，也是对自己的要求。礼仪强调官员在处理事务时要有规矩、有章法，保持端庄和谦逊，避免腐败和失礼。礼仪不仅是一种社会规范，更是一种道德约束，有助于形成良好的社会风气。

（六）"信"：诚信与信任

"信"是指诚信。诚信是中华优秀传统廉洁文化中的基石，不仅是对他人的承诺和信任，更是对自己的要求。诚信让官员在履行公务时能够言行一致，守诺践约，赢得民众的信任和支持。在交易和社会交往等活动中，诚信是基本的行为准则。诚信不仅是个人的道德修养，也是社会信任体系的基础，对社会和谐和经济发展具有重要作用。

新时代我国进入一个全新的发展时期。周遭经济、社会、内外环境等诸多变化带来的各种影响使得传统廉洁文化在当代中国：一方面，仍然发挥着重要的道德原则调节作用；另一方面，日益呈现出环境变化所带来的各种不适与挑战。首先，社会多元化。随着社会向多元化发展，价值观念的多样化对传统廉洁文化提出了新的挑战，尤其在西方自由主义、个人主义、精致的利己主义等腐朽思想冲击下，如何在多元价值观中坚守初心使命，如何始终如一秉持廉洁自律的价值操守和行为规范，成为亟待解决的问题。其次，全球化影响。全球化带来的文化交流和冲突，使得传统廉洁文化在全球视野下如何定位和传播成为新的课题。如何在国际舞台上弘扬中华优秀传统廉洁文化，需要新的理论和实践探索。再次，现代科技飞速发展。信息化和科技的发展，使得廉洁文化的传承和教育方式需要创新。如何利用现代科技手段传播廉洁文化，提升全民的廉洁意识，也是一个重要的课题。最后，反腐败斗争是新时代廉洁文化建设的重要内容，新时代新挑战下如何借鉴和运用传统廉洁文化中的智慧和经验，推动现代反腐败斗争，构建风清气正的政治生态，是我们面临的重大课题。

总之，"正""智""勇""忠""礼""信"等价值观共同构成了中华优秀传统廉洁文化的精髓，无论是对个体安身立命、为人处世，还是对社会秩序维系及国家有序运行，均发挥着重要的维系、连结及整合功能，并对后世产生深远影响。新时代，面对复杂多变的国际国内形势，如何传承和弘扬中华优秀传统廉洁文化，成为亟待解决的重要课题。本书旨在通过系统梳理和总结中华优秀传统廉洁文化，探索其在新时代的价值与应用，为全面建设廉洁政治、廉洁社会提供理论指导和文化支持。

二、研究述评

目前，关于中华优秀传统廉洁文化的研究已有一定基础，但总体而言，研究成果多集中于历史文化层面的探讨，对其在新时代背景下的具体应用和价值挖掘尚显不足。已有研究多从儒家、道家、法家等传统思想流派出发，分析其廉洁观念及实践，但缺乏系统性和全面性的梳理和总结。虽然在学术界已经有不少关于传统廉洁文化的讨论，但大多局限于历史研究，缺乏对现代社会的适用性和现实意义的深刻探讨。本书将在回顾相关研究的基础上，提出新的研究视角和方法，进一步深化对中华优秀传统廉洁文化的理论和实践探讨，力求填补现有研究的不足。

（一）国内研究

廉洁文化研究历来是学界研究的重点与热点。整体而言，国内学者对中华优秀传统廉洁文化的研究主要集中在历史文献与经典解读、廉洁文化的教育与传播、廉洁文化与现代治理等方面。

1. 历史文献与经典解读

从儒家经典如《论语》《礼记》《尚书》等文献中挖掘廉洁思想，探讨其在古代社会中的表现和影响，例如，研究孔子、孟子、荀子等思想家对廉洁的阐述，以及包拯、海瑞等历史人物的廉洁实践等，是国内学界研究的重要内容。例如，李泽厚在其著作《论语今读》中，通过对《论语》的详细解读，阐释了孔子的廉洁思想，认为儒家廉洁文化是中华优秀传统廉洁文化的核心。冯友兰在《中国哲学简史》中也强调了儒家思想对廉洁文化的贡献，指出孟子、荀子的廉洁观念对中国政治文化的深远影响，为理解传统廉洁文化提供了丰富的历史资料。

2. 廉洁文化的教育与传播

如何通过教育和宣传手段弘扬廉洁文化，如在学校教育中融入廉洁教育、利用现代媒体宣传廉洁文化等也是国内学界关注的重要内容。梁漱溟认为，所谓"文化"就是一个民族的人生态度和生活方式，其范围是极其广泛的。[①] 从基层上看，中国社会是乡土性的。[②] 中国文化与西方文化本就存在差异。费孝通在《乡土中国》一书中从乡村社区、文化传递、家族制度、道德观念、权力结构、社会规范、社会变迁等各方面分析、解剖了中国乡土社会的结构，为了解中国社会文化的基本特性提供了重要参考。廉洁文化作为中华优秀传统文化的重要构成，是中国文化的组成部分。沈其新在《中华廉洁文化与中国共产党先进性建设》一书中认为，中华廉洁文化的教育、引导功能，一是通过其自身创造的各种生活环境和生活条件进行潜移默化，人们在不知不觉之中受到教育、影响和熏陶；二是通过正规系统的培训学习，人们得到正确的教育和引导，积极主动地把握廉洁文化的基本知识和行为规范，从而以廉洁文化的特定文化模式塑造自我、完善自我。[③] 张立文则在《国学的新视野和新诠释》中强调了利用现代媒体和互联网传播廉洁文化的重要性，建议通过多媒体教学和网络宣传，提高公众的廉洁意识。

3. 廉洁文化与现代治理

探讨传统廉洁文化在现代社会治理中的价值，对当代官员道德建设和反腐败斗争的借鉴意义，也是目前国内学界关注的重要方向之一。例如，于铁丘在《清官崇拜谈：从包拯到海瑞》中，从清官观念在那个时代的"合理性"，即从中国传统思想观念和封建政治政体、社会生活现实状况的角度，解读"清官"和"清官崇拜"的产

---

① 冯友兰：《中国现代哲学史》，广东人民出版社 2019 年版，第 96 页。

② 费孝通：《乡土中国》，湖南人民出版社 2022 年版，第 1 页。

③ 沈其新：《中华廉洁文化与中国共产党先进性建设》，湖南大学出版社 2008 年版，第 115 页。

生、形成原因，并试着给它们作出定位。张岂之在《中国儒学思想史》中提出，传统廉洁文化中的道德规范和行为准则，对现代官员的道德建设和廉政建设具有重要启示作用。

（二）国外研究

国外学界对于中国传统廉洁文化的研究相对较少，但近年来随着中国在全球影响力的提升，越来越多的国外学者开始关注这一领域。整体而言，国外学界对于中华廉洁文化的研究主要集中在文化诠解与借鉴、跨文化传播与影响、中国廉洁文化的现代应用等方面。

1. 文化诠释与借鉴

国外学者的研究主要从文化诠释的角度展开。人文研究的诠释学性格意味着：思想和学术的创造几乎总是在特定的诠释学境域中展开的，这一点在中国古代的学术和思想中尤为突出。[①] 众多的《道德经》旧本中，河上公本和王弼本与《老子指归》流传最广。《老子河上公章句》对老子思想的整理，是老子注本中影响较大的注本，对于老子思想的传播及影响意义重大。而德国汉学家鲁道夫·瓦格纳（Rudolf G. Wagner）的《王弼〈老子注〉研究》，通过对王弼《老子注》的解释学方法的分析、王弼《老子》本及注释的批判性版本及"推论性"翻译，以及对作为王弼《老子注》核心的哲学问题的分析，在自觉接受文本内在约束的前提下，致力于消除文本多义词的同时，将《老子》文本中所蕴含的哲学可能性阐发到了一个空前的高度。美国未来学家约翰·奈斯比特（John Naisbit）在

---

① （德）瓦格纳：《王弼〈老子注〉研究》，杨立华译，江苏人民出版社 2009 年版，"译者的话"第 1 页。

《亚洲大趋势》一书中则探讨了中国、日本等东亚国家的文化及其成因及现代意义，对全球视野下理解中华优秀传统廉洁文化具有重要意义。

2. 跨文化传播与影响

中华传统文化及其演进与影响是国外研究这一领域的重要侧重内容。例如，英国语言学家迈克尔·拜拉姆（Michael Byram）在《跨文化交际与国际汉语教学》一书中，通过"文化""能力""社会身份"等基本概念，说明中华传统文化的特殊演进历程及其如何为建立一个系统的、理论基础扎实的方法做奠基。美国学者本杰明·艾尔曼（Benjamin Elman）在《从理学到朴学：中华帝国晚期思想与社会变化面面观》一书中，从清代社会经济的背景考察江南学术共同体的演变过程，透过政区和地方史的视角展示考据学的崛起的同时，对传统中国文化演进历程进行梳理。日本学者福原启郎在《晋武帝司马炎》一书中通过系统梳理曹魏、西晋时代的政治变迁、军事斗争与社会风貌，以期为魏晋南北朝史学研究提供参考。

3. 中国廉洁文化的现代应用

少数国外学者关注中国在现代反腐败斗争中如何借鉴和运用传统廉洁文化，探讨其在中国现代治理中的实际效果。例如，美国学者苏珊·罗斯－艾克曼（Susan Rose-Ackerman）在《腐败与政府》一书中从经济、文化和政治角度对腐败的性质、成因和解决方案进行思考，认为腐败在不同社会中有不同的意义，诸如一个人拿来行贿的东西，在别的社会可能只被看作一件礼物，因此，专门用一章内容对文化与腐败进行分析。美国学者狄培理（William Theodore de Bary）撰写的《德与礼：亚洲人对领导能力与公众利益的理想》一书，从孔子的君子观、佛陀和罗摩的高尚之道、佛教精神与中国的

"礼"、中国宋代的新兴领袖和文治社会等的演进，认为（领袖应具有的）高尚品德和（公众应具有的）谦恭有礼可能会为当前全球化进程的人性化作出贡献。

总之，国内外学界的研究对于理解和传承中华优秀传统廉洁文化提供了坚实的理论基础，有助于厘清廉洁文化的历史脉络和理论渊源，增强文化自信，推动廉洁文化在现代社会中的复兴和应用，推动中华优秀传统文化的国际影响力，提升文化软实力。

三、研究方法

本书采用了文献分析、历史研究、理论分析相结合的研究方法。通过对经典文献、历史文献和现代研究成果的系统梳理和分析，全面揭示中华优秀传统廉洁文化的内涵和发展脉络。同时，结合新时代的发展需求和实际情况，运用理论分析的方法，探讨廉洁文化在当代社会中的应用和意义。此外，通过案例分析和比较研究的方法，阐明不同历史时期廉洁文化的具体表现及其影响，为新时代传承和弘扬中华优秀传统廉洁文化提供有力支持。

（一）文献分析法

对古代经典文献和现代研究成果进行系统梳理，分析廉洁文化的理论基础和实践路径。对《易经》《尚书》《诗经》《周礼》《仪礼》《礼记》《论语》《孟子》等儒家经典以及其他传统思想流派的文献进行深入解读，挖掘其中的廉洁思想精髓。同时，分析当代学者关于廉洁文化的研究成果，综合不同观点，为本书的理论探讨提供坚实基础。

（二）历史研究法

追溯廉洁文化的发展历程，探讨其在不同历史时期的演变和应用。通过对不同时代廉洁文化的制度安排、社会实践和历史人物的研究，揭示廉洁文化在中国历史上的发展轨迹和影响。例如，研究包拯、海瑞、林则徐等历史人物的廉洁事迹，探讨他们在不同历史背景下的廉洁实践及其社会影响。

（三）案例分析法

通过具体案例的深入分析，展示廉洁文化在实际中的运用和效果。选取具有代表性的历史和现代案例，如历史上的廉洁官员、现代社会中的廉政建设典型案例，深入分析这些案例的背景、措施和结果，探讨廉洁文化在不同情境下的实际运用效果。

总之，通过上述多种研究方法的综合运用，本书将系统揭示中华优秀传统廉洁文化的内涵和发展脉络，深入探讨其在新时代的应用和价值，为全面建设廉洁政治、廉洁社会提供理论指导和文化支持。

四、创新之处

本书围绕中华优秀传统廉洁文化，在国内外学界已有研究基础上，通过全面系统梳理，并结合时代特点与要求主要从以下几个方面进行了创新：

（一）　系统性梳理

全面系统地梳理了中华优秀传统廉洁文化的历史渊源、发展轨迹和经典呈现，形成了较为完整的理论体系。本书通过详尽的文献分析，挖掘儒家、道家、法家等各大思想流派中的廉洁思想，系统总结了历代廉洁实践的经验和教训，构建了中华优秀传统廉洁文化的整体框架。

（二）　时代适应性

在探讨传统廉洁文化的基础上，结合新时代的社会需求和实际情况，深入分析其在当代社会的应用和价值，提出了新的理论观点和实践路径。特别是在当代反腐败斗争、官员道德建设、社会诚信体系建设等方面，探索传统廉洁文化的现实意义和应用方法，为现代廉洁文化建设提供理论支持。

（三）　理论与实践相结合

本书不仅在理论上深入探讨了廉洁文化的内涵和价值，还结合具体实践案例，分析其在实际应用中的效果和意义。通过历史和现代的具体案例，展示了廉洁文化在不同社会背景下的实践效果，提供了生动的实践经验和教训，增强了研究的实用性和指导性。

综上所述，本书通过对中华优秀传统廉洁文化的深入研究，以期为学界研究提供积累，为政策制定者和公众提供关于如何在新时代继承和发展中华优秀传统廉洁文化的思考与启示。尤其面对当今世界"百年未有之大变局"，中华优秀传统廉洁文化研究，不仅对形成风清气正的党内政治生态和崇廉尚俭的社会风气具有重要意义，同时有助于新时代中国运用中国话语、提炼中国道理、总结中国经验、讲好中国故事，提升中华文化的世界传播力与影响力。通过系统的研究和深入的分析，本书致力于为新时代的廉洁文化建设提供坚实的理论支持和实践指导，为实现中华民族伟大复兴贡献力量。

第一章
中华优秀传统廉洁文化的基本理论问题

  中华优秀传统廉洁文化是中华文化的重要组成部分，强调廉洁、清正、勤政、奉公的价值观念，且拥有博大精深的文化底蕴。"廉"字在古汉语中的本义为"堂之边"或"堂上方有棱角的横梁"，随着历史发展逐渐引申为一种道德规范。在词汇搭配上，常与"清""洁""政""明"等词语结合，形成"清廉""廉洁""廉政""廉明"等固定用语，广泛用于形容为政者的品德与行为标准。① 廉洁思想在我国由来已久，早在春秋战国时期，儒家便通过仁政观念强调官员的德行与廉洁。《尚书·皋陶谟》中所述"九德"之一的"简而廉"，明确了"廉"在古代道德体系中的重要地位。而战国时期的屈原则在《楚辞·招魂》中首次将"廉洁"一词运用于文学表达："朕幼清以廉洁兮，身服义而未沫"，深刻展现了对廉洁操守的追求与坚守。东汉学者王逸在《楚辞·章句》中进一步对"廉洁"进行了注释："不受曰廉，不污曰洁"，强调为政者不受不义之财、保持清白品行的原则。中华优秀传统廉洁文化源远流长，反映在中

---

  ① 唐贤秋：《廉之恒道：中国传统廉政文化现代化转换研究》，中国社会科学出版社 2014 年版，第 8 页。

国历史、文学、哲学以及日常生活中。这种文化鼓励人们诚实守信、遵纪守法、勤俭节约、重视公益，注重道德修养，是中华民族传统美德的重要体现。中华优秀传统廉洁文化作为我国悠久历史文化的一部分，蕴含着丰富的道德智慧和行为准则。理解这一文化的基本理论问题，可以帮助我们更好地继承和发扬这一宝贵遗产。本章将从其核心原则、理论基础和重大意义三个方面展开详细论述。

一、中华优秀传统廉洁文化的核心原则

中华优秀传统廉洁文化是中华文化的重要组成部分，强调清正廉洁、勤政爱民、奉公守法的价值观念。中华优秀传统廉洁文化源远流长，深植于中国历史、文学、哲学和日常生活之中，不仅是古代官吏行为规范的重要准则，也是普通民众道德修养的基本要求。由此，廉洁奉公、诚实守信、遵纪守法、勤俭节约、重视公益、注重道德修养等由此也成为中华优秀传统廉洁文化的原则性要求，并主要通过《论语》《孟子》《大学》《礼记》等经典历史文献，包拯、海瑞、范仲淹等历史名臣的廉洁事迹，民间故事和传说，以及春节扫尘、传统节庆、民间礼仪等文化习俗形式记载、纪念与传承。其中，贯彻始终的中华优秀传统廉洁文化的原则要求既是这一文化内核得以维系并延续的根基，同时也是影响后世乃至今天的意义所在。这些原则要求不仅涵盖了个人修养，还涵盖了社会治理、国家稳定等多个层面。

（一）"正"：中华优秀传统廉洁文化的根本原则

"正"在中国古代的最早出处可以追溯到《尚书》。《尚书·大禹谟》记载："禹曰：於！帝念哉！德惟善政，政在养民。水、火、金、木、土、谷，惟修；正德、利用、厚生、惟和。九功惟叙，九叙惟歌。戒之用休，董之用威，劝之以九歌，俾勿坏"①，体现了古人对于道德品质的高度重视。尽管在政治思想上，古代先哲对"正"的理解表现在不同的方面，例如，孔子的"正"，是要求合乎礼仪制度，具体要求为政者做什么、不做什么；而庄子的"正"，是"无为"，要求不去干涉别人的行为和活动，即为政者什么也不做②。但是对于"正"的原则与价值追求却是一致的。例如，《论语·颜渊》中说："政者，正也。子帅以正，孰敢不正"，强调为政者本人要正，严于律己、清正廉明、刚正执法。③ 因此，古代对"正"的理解首先是道德上的端正和正直，强调人的品德要端正，公正无私，不偏不倚。此外，正直还包含了行为上的规范，即按照礼仪和法律的要求行事，做到行为端正，遵纪守法。推及治理国家和社会，"正"则是一个重要的原则，要求领导者和官员要正直、公正，以身作则，才能有效治理国家，使百姓信服。

　　"正"是中华优秀传统廉洁文化的核心要义。首先，道德端正。正直首先强调道德上的端正和正直，要求一个人要有正确的品德和道德观念。道德上的正直要求一个人要公平、公正，无私无偏。其次，行为正直。正直还包含了行为上的正直，即按照道德规范和法律法规行事，不偏不倚，公正无私。正直的人在处理事情时会以公正为原则，不会徇私枉法。最后，社会和国家治理要公正。在社会

---

① 孔子等：《四书·五经》，华文出版社 2009 年版，第 291 页。

② 张希峰：《走近庄子》，济南出版社 2020 年版，第 40 页。

③ 王贵水：《官德的力量》，北京联合出版公司 2012 年版，第 110 页。

和国家治理中，正直是一个重要的原则。治理者和官员需要以正直的态度和行为来管理国家和社会，以赢得民众的信任和支持。《忠经·守宰》有云："在官惟明，莅事惟平，立身惟清"，要求为官从政要贤明，处理事情要公正，立身做人要清廉。

"正"作为一个重要的道德和治理原则，在中国古代的经典文献中得到了多次强调，不仅要求个人的道德修养端正，还要求在治理国家和社会时，领导者要以身作则，公正无私，才能实现良好的治理和社会的和谐稳定。具体要求：首先，每个人都要具备端正的道德修养，保持正直、公正、无私的品格，正如《忠经·守宰》强调的"清则无欲，平则不曲，明能正俗"，个人在日常生活和工作中要秉持正义，做到言行一致，不偏不倚。其次，在治理国家和社会时，领导者和官员要以身作则，率先垂范，行为、决策应公正无私，不能利用权力谋取私利。领导者的正直和公正是下属和民众学习的榜样。再次，当领导者能够以正直的态度和行为来治理国家和社会，公正无私地处理事务，就能够赢得民众的信任和支持，从而实现有效的治理。最后，当个人和领导者都能做到正直、公正时，社会风气就会变得清正廉洁，腐败和不公正现象就会减少。这样的社会环境有助于实现和谐与稳定。

总之，中华古代传统文化始终强调了"正"在个人修养和社会治理中的重要性，指出只有每个人都具备正直的品德，特别是领导者以身作则，才能建立一个公正、廉洁、和谐、稳定的社会。中国古代"正"的廉洁文化原则从个体、社会到国家逐渐推演形成严密的逻辑闭环，思绪缜密，反映了中国古代演绎推理的逻辑思维以及整体主义政治哲学内核，及至今天其思想仍熠熠生辉，足见中国古代先哲的伟大智慧。

（二）"信"：中华优秀传统廉洁文化的核心原则

"信"在中国古代的最早出处可以追溯到《尚书》。在《尚书·尧典》中提到："克明俊德，以亲九族。九族既睦，平章百姓，百姓昭明，协和万邦"，这里的"克明俊德"就隐含了对"信"的要求，强调了德行的重要性，而"信"是德行中的重要一部分。《尚书·虞书·大禹谟》有云："人心惟危，道心惟微，惟精惟一，允执厥中"，这里的"允执厥中"可以理解为"诚于中，形于外"，即内心诚实，外在言行一致，这与"信"的概念密切相关。此外，《论语》中也多次提到"信"，《论语·问政》有云："人而无信，不知其可也"，意即一个人如果不讲信用，就不知道他还能做什么，强调了"信"作为做人根本的重要性。在中国古代文献中，"信"的意思主要指诚信、守信、真实，强调人在言行上要一致，讲究信用，言出必行。《大学》有云："诚于中，形于外，故君子慎其独也"，强调诚信是内心的真实和外在行为的一致。因为人心容易动摇，只有专心一致，才能坚持内心的诚信。可见，中国古代廉洁文化中对于诚信的重视。《孟子·离娄上》有云："诚者，天之道也；思诚者，人之道也"，意思是说诚信是天道，自然的法则；追求诚信，是做人的根本原则。孔子在《论语·为政》中云："人而无信，不知其可也"，强调诚信是立身之本。由此足见中国古人对诚信的高度重视和推崇。

"信"在中华优秀传统廉洁文化中不仅是个人道德修养的重要内容，也是社会交往和国家治理的基本原则。首先，从个体层面而言，个人的诚信是道德修养的核心。古人认为，一个人的品行首先要诚实可信。个人的言行应当一致，承诺的事情必须履行。这样不仅能赢得他人的信任，还能提升自己的道德修养和社会声誉。古代许多关于诚信的故事和教诲，都强调言出必行、信守承诺的重要性。其次，从社会层面而言，诚信是建立信任的基础。只有在诚信的基础上，人与人之间的关系才能和谐、稳定。因此，无论是朋友之间、商业往来，还是邻里关系，诚信都是维系良好关系的关键因素。再次，诚信有助于减少社会矛盾和纠纷。倘若人人都能够信守承诺、讲信用，社会交往会更加顺畅，矛盾和纠纷也会大大减少，从而促进社会和谐。最后，从国家层面而言，诚信是政府公信力的重要体现。中国古代封建社会中的最高统治者及其下属官员只有诚信待民，执政清廉，才能赢得百姓的信任和支持。例如，明代年富"官箴"刻石："吏不畏吾严而畏吾廉，民不服吾能而服吾公；廉则吏不敢慢，公则民不敢欺"，意思是下属官吏敬畏我，不在于我的严厉，而在于我的廉洁；治下百姓敬服我，不在于我的才能，而在于我的公正。为政清廉，官吏就不敢有所怠慢；办事公正，百姓就不敢有所欺瞒，强调了诚信和廉洁对于政府公信力的重要性。

总之，"信"作为中华优秀传统廉洁文化的重要原则之一，不仅是个人道德修养的基础，也是社会交往和国家治理的基本原则，在多个层面上影响和促进了个人、社会和国家的和谐发展。通过理解和践行诚信原则，可以有效提升个人修养，促进社会和谐，稳定国家秩序，实现长治久安。

（三）"忠"：中华优秀传统廉洁文化的基础原则

"忠"字最早出现在中国古代的甲骨文和金文中，其本义是"尽心尽力"。"中"的甲骨文字形蕴含了古人对"天"的认知，"忠"源自"中"，体现了其内在蕴含的虔敬恭谨之情。而"中"与

"心"的结合则暗示了"无私""无偏"的内涵。通过梳理"忠"字的使用不难发现，"忠"包含了宽容、公正、俭朴、廉洁、爱国、忠君、无私、忠诚等多种涵义。"忠君"固然是"忠"思想的一部分，但"忠"作为至高的道德准则，不仅约束个人，也约束君主，更强调忠于国家、忠于社稷。在古代社会，人们对于天地神灵、祖先长辈、君主领袖的敬畏和尊重，以及对国家的忠诚和献身精神是非常重要的。此外，儒家"忠"思想并不提倡"愚忠"，而是主张以仁义事君，反对盲从。因此，"忠"字逐渐演变成一种表达忠诚、尽心、无私奉献的道德观念和价值观念的符号。这种观念不仅在个人道德修养中占据重要地位，还深深影响了社会的稳定和发展。

"忠"的理论内核主要涵盖以下方面：首先，"忠"是一种道德准则，《左传·文公元年》有云："忠，德之正也"，表明忠不仅是潜移默化地调节社会秩序的道德原则，更是道德本身的基准，处于"至德"地位。其次，"忠"是一种思想体系，正如《论语·里仁》中所言："夫子之道，忠恕而已矣。"诚然，基本理论内核释义之外，随着时间推移，"忠"的涵义不断得到阐释和发扬。更为重要的是，"忠"是一种文化，它不仅是中华文明特有的精神信仰和生活方式，更是一种沉淀于中国人心目中的价值追求。

"忠"的实践内核主要集中在以下方面：首先，主要指臣子对君主的忠诚，要求臣子无论在什么情况下都要忠于君主，不背叛、不二心。这种忠诚关系是君臣关系的核心，强调忠于职守和忠诚不贰。其次，要求个人将国家利益放在首位，忠于国家，维护国家的统一和安全。再次，在自己的职责范围内尽职尽责，做好自己的本职工作，且不仅适用于臣子对君主，也适用于个人对家庭、对工作、对朋友的忠诚。最后，诚心正意，即内心诚实，行为端正。《论语·里仁》有云，"忠恕"之道，即所谓将心比心，推己及人。所谓人心都是肉长的，自己想这样，也要想到人家也想这样，强调对人要忠诚、恭敬，对己要诚实、反省。

"忠"作为中国传统文化中的重要价值观，强调的是对君主、国家、家庭、工作的忠诚和尽责，不仅是君臣关系的重要原则，也是个人道德修养的重要内容，是由宏观、中观到微观的价值体系。首先，在国家治理和社会生活中，忠诚的品德被视为维系社会秩序和稳定的重要基石。忠诚于国家意味着每个公民都将国家利益放在首位，愿意为国家的统一、独立和安全作出贡献。这样的忠诚可以防止分裂和叛乱，维持国家的统一。同时，公民对国家的忠诚可以激发他们为国家发展贡献自己的力量，推动社会进步和经济发展。其次，下属或者官员的忠诚可以增强政府的公信力和权威性。政府一旦得到官员的忠诚支持，就能更有效地施政和管理国家事务，减少内部分裂和矛盾，促进政治稳定和社会和谐。再次，在社会生活中，忠诚的品德可以促进人与人之间的信任和合作。家庭成员之间的忠诚可以维持家庭的和睦与稳定；朋友之间的忠诚可以增强彼此的信任和友谊；员工对公司的忠诚可以提高公司的凝聚力和生产力；个人在社会交往中坚持忠诚，就能减少欺骗、背叛等行为，从而降低社会矛盾和冲突的发生频率。最后，忠诚是一种重要的道德规范，要求个人诚实守信、尽职尽责。忠诚的品德有助于提升整个社会的道德水平，形成良好的社会风气。同时，激励更多的人追求和践行忠诚的品德，从而在更大范围内维系社会秩序和稳定。

总之，忠诚不仅是个人道德修养的体现，更是国家治理和社会生活中不可或缺的重要原则，能够促进国家的统一与发展，增强政府的公信力，维护社会的和谐与稳定，并提升整体的道德水平。因此，"忠"作为一种核心价值观，对于维系社会的正常运转和长治久安具有至关重要的作用。

（四）"智"：中华优秀传统廉洁文化的主要原则

"智"在中国古代最早出自甲骨文，本义是聪明，智力强，且典籍中多有记载。《尚书·洪范》中提到："三德：一曰正直，二曰刚克，三曰柔克。温良曰康，聪明曰哲，足智曰圣"，"三德"指的是正直、刚克、柔克，柔和宽容，能够化解矛盾，强调智慧的重要性和价值。《尚书·皋陶谟》有云："日严祗敬六德，亮采有邦"，其中，"六德"一般指"智、信、圣、仁、义、忠"。《史记·五帝本纪》有云："聪以知远，明以察微"，"知远"和"察微"都与智慧相关，强调通过智慧可以洞察事物的变化和发展。所谓"智"，是指通明是非，知己知人智，表示"通"晓天地之道，深明人世之理，明辨是非、曲直、邪正、真妄之心，对事物非常熟悉、精"通"。具备这样能力的人，被称为智者，如中国"通"、万事"通"，也是一种智者。古汉语中，"通明"表示洞晓事物的道理，"通悟"表示洞达事理，具有高度的领悟力，《张衡传》中有"遂通五经，贯六艺"，其中的"通"都和"智"有关。①

"智"在中国古代传统廉洁文化中的内涵主要包括以下几个方面：首先，主要指人的聪明才智，通过思考和观察，能够理解和掌握复杂事物。《吕氏春秋·适合音》有云："一曰貌，二曰言，三曰视，四曰听，五曰思。貌曰恭，言曰从，视曰明，听曰聪，思曰睿。

---

① 朱相鹏：《拉通：华为十倍增效千倍增长的横向逻辑》，机械工业出版社2022年版，第238页。

恭作肃，从作义，明作哲，聪作谋，睿作圣"，视、听皆在其中，且最重要的是"思"。因为在中国传统哲学中，"思"是"心"的职能，没有"心"的主导，即使耳目鼻口和外界发生接触，也不会有实际的效果，即所谓"耳之情欲声，心不乐，五音在前弗听。目之情欲色，心弗乐，五色在前弗视。鼻之情欲芬香，心弗乐，芬香在前弗嗅。口之情欲滋味，心弗乐，五味在前弗食。欲之者，耳目鼻口也；乐之弗乐者，心也。心必和平然后乐，心（必）乐然后耳目鼻口有以欲之，故乐之务在于和心，和心在于行适"。其次，指人的判断力和决策力，即在面对复杂问题和困境时，能够做出正确的判断和决策。因为智慧是高尚品德的一部分，具备智慧的人能够成为贤明的领导者。再次，体现在应变能力上，能够灵活地应对变化和挑战。《荀子·非相》有云："不先虑，不早谋，发之而当，成文而类，居错迁徙，应变不穷，是圣人之辩者也"，即根据环境和条件的变化，迅速做出调整和反应。最后，强调深思熟虑，要求人在做出决定之前进行充分的思考和评估。《论语·为政》有云："知者不惑，仁者不忧，勇者不惧"，强调有真智慧的人不会感到困惑或犹豫不决，有仁德的人不会感到忧虑，有勇气的人不会感到恐惧，强调智慧、德行、勇气的重要性，体现了古人对智慧的高度重视。

可见，"智"不仅包括聪明才智，还包括判断力、决策力、应变能力和深思熟虑等多个方面。因此，在国家治理和个人修养中，"智"被视为重要的美德和能力，主要源于以下因素：首先，中华优秀传统文化中的"智"不仅仅是智力和知识的体现，更是一种道德层面的美德，要求人们在面对复杂情况时，能够以正确的态度和方法去处理问题。其次，"智"赋予人们分析和判断复杂事物的能力。通过"智"，人们能够洞察事物的本质和规律，从而更好地理解和掌握复杂的情况。尤其面对复杂和多变的环境，"智"能够帮助人们做出正确的选择，避免误判和错误。因为决策不仅需要知识和经验，更需要智慧来综合考虑各种因素，权衡利弊，最终做出最优选择。再次，"智"还体现在应变能力上，即在面对不可预见的挑战和变化时，能够迅速反应并调整策略。最后，"智"在中华优秀传统文化中被视为治理国家和社会的重要能力，被视为领导者的重要品质，也是选拔和评估官员的重要标准，更是个人培养的重要组成部分。

总之，"智"作为一种重要的德行，不仅仅是个人的智力表现，更是道德和能力的综合体现。事物强壮了必然要走向它的反面，这是亘古不变的法则，这不仅是中国古代哲学智慧的标志，甚至一定意义上成为中国哲学智慧的标志。① 因此，"智"在中华优秀传统廉洁文化中强调的谦让、吃亏、利他等原则彰显了"智"的格局往往是宏观而非微观，是长远而非眼前，是全局而非局部。因此，拥有"智"的人往往会受到社会的尊重和敬仰，并成为廉洁文化的主要原则。

（五）"勇"：中华优秀传统廉洁文化的必要原则

"勇"最早见于西周的甲骨文，指的是勇敢、有胆量。《尚书·尧典》有云："克明俊德，以亲九族。九族既睦，平章百姓，百姓昭明，协和万邦"，其中"克明俊德"中的"俊德"可以理解为勇敢与智慧的结合，要具备高超的思想智慧和品德修养，以此来维护九族之间亲密无间的关系。此外，《易经》有云："刚柔相摩，八卦相荡"，其中，"刚"具有勇敢、坚毅的含义，强调在面对变化和挑战

---

① 吾淳：《中国文化·哲学思想》，五洲传播出版社 2014 年版，第 56 页。

时的勇气和果断。

　　作为中华优秀传统廉洁文化的必要原则、中华优秀传统廉洁文化的重要构成，"勇"主要包括以下内容：首先，"勇"是指面对危险和困难时不退缩，坚定地迎接挑战。"勇"不仅体现在战场上，也体现在日常生活和工作中，如敢于承担责任、敢于表达真相等。其次，在面对复杂和紧急情况时，能够迅速做出决策并付诸行动。果断是勇气的重要表现，体现了人在关键时刻的迅速反应和执行力。再次，在面临巨大压力和诱惑时，能坚守自己的信念和道德底线，不轻易妥协或动摇。最后，具备勇气的人不仅仅是勇敢，而且要有为正义和公正而战的决心和行动，如为民请命、匡扶正义等。因此，"勇"作为一种重要的德行和品质，在中国古代经典文献中被多次提到和强调，它不仅指身体上的勇敢无畏，更包含精神上的果断决策和坚持原则。

　　"勇"作为优秀传统廉洁文化在古代社会中占据了重要地位，是个人和社会不可或缺的重要品质。首先，从个人层面而言，勇气是一种在面对危险和挑战时保持坚定和无畏的品质。在个人修养中，勇气帮助人们在遇到困难时不退缩，而是勇敢地面对问题，解决问题。同时，勇气也是坚持原则和正义的表现。当个人在面对不公正或诱惑时，勇气使他们能够坚守自己的信念和道德底线，不被外界的压力所动摇。其次，从国家层面而言，在国家治理中，领导者需要在复杂和紧急情况下迅速做出决策。勇气使他们能够果断行动，迅速反应，避免犹豫不决带来的损失和混乱。此外，勇气使领导者在面对腐败、不公正和社会不稳定时，能够坚决采取措施，维护社会的公正和正义。这不仅是个人的美德，也是治理国家的重要能力。最后，勇气不仅是个人的品质，也是一种社会价值。一个社会如果普遍具有勇气，成员之间会更加信任和团结，能够共同面对外部挑战，推动社会进步。同时，勇气使社会成员在面对危机时能够保持冷静和坚定，减少恐慌和混乱，从而增强社会的稳定性。

总之，"勇"不仅帮助个人在面对困难和挑战时保持坚定和无畏，还使他们能够坚持原则和正义。在国家治理中，"勇"使领导者能够果断决策，维护公正和正义。作为社会不可或缺的品质，"勇"能够推动社会进步和增强社会稳定。因此，"勇"在古代社会中占据了重要地位，是个人和社会都需要的重要美德和能力。

（六）"礼"：中华优秀传统廉洁文化的重要原则

"礼"本指祭神、敬神，引申为表示敬意的通称，后引申为"礼物"，古代在祭祀活动中逐步形成的规范，古代社会的等级制度，与此相适应的行为准则和道德规范，以及"礼节""礼仪""敬重""以礼相待""礼贤下士"等意。[①] 在孔子思想体系中，"礼"是客观规范，属外在约束。《论语·八佾》有云："人而不仁，如礼何？人而不仁，如乐何"，人如果没有仁德，怎么对待礼仪？人如果没有仁德，怎么对待奏乐？《论语·颜渊》有云："人而不仁，如礼何"，一个人没有仁爱之心，遵守礼仪有什么用？《尚书·舜典》有云："夙夜惟寅，直哉惟清"，无论日夜都要恭敬行事，要正直、清明。

儒家经典"三礼"，即《周礼》《仪礼》《礼记》是详细记载儒家祭祀礼仪的古代典籍。《周礼·天官·大宰》"八则"之一便是"一曰祭祀，以驭其神"。

《周礼》系统地记载了周代的礼制，详细规定了不同社会阶层在

---

① 刘志基：《新汉字读本》，广西教育出版社 2004 年版，第 420-421 页。

各种场合中应遵循的礼仪，主要描述了周代的礼制和官制，包括各种社会活动中的礼仪规范。例如，祭祀礼包括天祭、地祭、宗庙祭等，祭祀是礼的核心部分，代表了人与神灵之间的沟通；冠婚礼，描述了男子成人礼（冠礼）和婚礼的礼仪过程，强调了成年和婚姻在社会生活中的重要性；宾礼，关于接待宾客的礼仪，包括诸侯之间、君臣之间的相互礼仪；丧礼，关于丧葬的礼仪，强调对逝者的尊重和哀悼；乡饮酒礼，关于乡里聚会和饮酒的礼仪，强调礼仪中的社交功能等。此外，礼的规范包括：礼官职责，详细描述了各级礼官的职责，如大宗伯负责国家礼仪事务，司仪负责具体礼仪活动的执行；礼仪程序，详细记载了各种礼仪活动的程序和步骤，确保礼仪的规范性和统一性。总之，《周礼》和《礼记》对"礼"的记载详细而全面，涵盖了各种社会活动和行为规范，体现了礼在古代社会中的重要地位。礼不仅是形式上的规范，更是道德和社会秩序的象征，通过礼仪规范个人行为，教化道德，维护社会稳定，成为国家治理的重要手段，也为后世儒家思想和礼仪制度的形成和发展奠定了重要基础。

"礼"作为中华优秀传统廉洁文化的重要原则，是中华文化发展演进的结果，且具有自身特定的内涵，不仅是形式，更是一种内在的义理。《论语·八佾》有云："礼，与其奢也，宁俭；丧，与其易也，宁戚"，强调礼仪应注重内在的诚意而非外在的奢华。此外，礼和仁密切相关，礼是仁的外在表现。《论语·颜渊》有云："克己复礼为仁"，强调通过礼仪实现仁德。"礼"是规范社会行为的重要工具。《礼记·曲礼》有云："礼者，所以定亲疏，决嫌疑，别同异，明是非也"，是道德教育的重要手段，是国家治理的重要方法。两汉戴圣的《大道之行也》有云："大道之行也，天下为公，选贤与能，讲信修睦”，强调选拔贤能、促进和睦，实现良好治理。

"礼"在中国古代的重要性和多重作用，主要表现在以下方面：首先，从个体层面而言，"礼"通过规定具体的行为准则，指导个人在各种场合下的行为。例如，待人接物的礼仪、婚丧嫁娶的程序、祭祀庆典的规范等，规范帮助人们在日常生活中保持礼貌、尊重他人，形成良好的社会风气。同时，作为社会生活中重要的仪式活动，通过"礼"的仪式，人们表达对神灵、祖先、亲友的尊敬和感情，不仅具有社会意义，还具有心理上的意义，帮助人们在重要时刻表达情感和意愿。其次，从社会层面而言，"礼"不仅是外在的行为规范，更是内在的道德教育手段。通过礼仪，个人可以培养和提升自己的道德品质，如孝敬父母、尊重长辈、诚信待人等，不仅是形式上的遵守，更是内在道德修养的体现，更为重要的是体现了古代社会的等级制度，不同身份、地位的人在礼仪上有不同的规范和要求。通过礼仪，社会成员明确自己的身份和地位，维护了社会的等级秩序。例如，君臣、父子、夫妇之间的礼仪关系，体现了尊卑有序、各安其位的社会结构，促进社会的和谐和稳定，减少了社会冲突和矛盾。最后，从国家层面而言，礼是国家治理的重要工具，古代君主通过制定和推行礼仪制度，规范官员和百姓的行为，维持国家的统治和社会的稳定。同时，也是统治者权威的象征，通过盛大的礼仪活动，展示权力和威望，巩固统治地位。例如，朝廷的祭祀、册封大典等，都是展示统治者权威的重要礼仪活动。可见，"礼"在中国古代不仅是具体的行为规范和仪式，更是一种社会秩序的象征。通过规范个人行为和教化道德，"礼"维护了社会的等级和秩序，成为国家治理的重要手段。"礼"的多重作用使其在古代社会中具有重要地位，是维持社会和谐、稳定和发展的关键因素。

"正""信""忠""智""勇""礼"等原则是一个综合作用的有机体，即文化共同体。正如德国著名社会学家滕尼斯在其著作《共同体与社会》中对"共同体"的精辟界定：共同体是自然发展起来的对内外同时发生作用的现实的有机联合体，是建立在传统习惯法和共同记忆之上由各种相互关系组合而成的综合体。① 因此，基于我国古代特殊的地理、气候、环境、生活方式等诸多要素形成的中华优秀传统廉洁文化基本原则构建的共同体，是中华文化的重要构成，是中华历史文化记忆血脉中无法切断的集体记忆与精神内核，其主要功能在以下方面：

首先，规范个人行为，提升道德修养。例如，诚信（信），强调言行一致、信守承诺，是个人道德修养的基础，提升个人的道德品质；正直（正），倡导公正无私、秉公行事，确保个人行为符合道德和法律规范；智慧（智），鼓励深思熟虑、明辨是非，提高个人的判断力和决策能力；勇气（勇），提倡在面对困难和危险时保持坚定和无畏，敢于承担责任和维护正义；忠诚（忠），强调对国家、组织和他人的忠诚和尽责，确保个人行为与社会和国家利益一致；礼仪（礼），通过规范个人在社会中的行为，培养尊重他人和遵守社会规范的习惯。

其次，维护社会秩序，促进和谐稳定。上述原则共同构建了一个规范化的社会行为体系，确保社会成员之间的互动有章可循，有助于减少冲突和矛盾，并通过提倡礼仪和诚信，促进人与人之间的和谐相处，增强社会的凝聚力和信任感，维持社会的等级秩序，确

---

① 傅才武、余东林：《国家文化与国民文化的构造及其转换》，武汉大学出版社 2021 年版，第 310 页。

保社会的稳定运行。

再次，增强国家治理，提升行政效能。诸如正直、忠诚和勇气是廉洁文化的重要组成部分，确保官员和领导者能够廉洁自律、公正执政；智慧和勇气提升领导者的决策能力，使其在面对复杂局面时能够迅速做出正确的判断和决策；诚信和忠诚增加政府和领导者的公信力，赢得民众的信任和支持，从而提高行政效能和治理水平。

最后，道德教化，传承文化精髓。上述原则体现了中华文化的核心价值观，通过道德教化和文化传承，这些价值观代代相传。倡导这些原则能够树立社会榜样，激励更多的人追求和践行这些美德，从而提升整个社会的道德水平。

总之，"正""信""忠""智""勇""礼"等原则共同构成了中华优秀传统廉洁文化的核心内容。通过规范个人行为、维护社会秩序、增强国家治理和进行道德教化，这些核心内容在提升个人道德修养、促进社会和谐稳定、提高国家治理效能和传承文化精髓方面发挥了重要作用，不仅在古代社会中具有重要意义，对于现代社会的廉政建设和道德建设也具有深远的指导意义。

二、中华优秀传统廉洁文化的理论基础

中华优秀传统廉洁文化并不是单一理论的产物，而是源于儒家、道家、法家等多个理论体系交织融合的产物，并由此构成了中华传统廉洁文化的多元性、丰富性与适应性特点。中华优秀传统廉洁文化的多元性是中华文明环境的产物，是中华文化精神多元属性的结果。中华文化精神，是中华文化所反映的全部社会意识，是中华民族在长期的生产实践中形成的、由中华民族特征（心理、意识、观

念、习俗、规范、制度）积淀而成的，且不仅表现在每个成员的思维、行为即生活方式中，而且体现在中华民族的经济、政治以及文化等诸多形态中。① 因此，中华优秀传统廉洁文化的多元化特点既是其基本属性也是其文化特点。

（一）儒家思想

倘若不了解儒家经典，不研读儒家思想，很难对中华优秀传统文化获得比较深入的认识，更无法把握中华传统文化的理论基础和核心价值，这也深刻阐释了为何儒学是西方传教士来华的必修课，"四书五经"则是其研读的重点的原因所在了。② 儒家思想作为中华优秀传统文化的重要组成部分，对廉洁文化有着深入的记载和阐述。首先，孔子对廉洁的高度重视，不仅体现在他对领导者的要求上，也贯穿于他对每个人的道德要求中。孔子强调德行的重要性，《论语·里仁》有云："德不孤，必有邻"，认为有德行的人不会孤独，必定会吸引志同道合的人，意味着在廉洁文化中表现为廉洁自律的人会形成良好的社会风气。此外，孔子在《论语》中多次提到廉洁公正的重要性。例如，孔子曾对冉求说："非其鬼而祭之，谄也"（《论语·为政》），说明孔子反对不正当行为，提倡公正廉洁。孔子还提倡"君子爱财，取之有道"（《论语·里仁》），即君子也可以追求财富，但必须通过正当和合乎道德的手段来获取。此外，孔子强调"为政以德"，认为道德是治国的根本。在《论语·为政》中孔子

---

① 周建标：《中华民族精神演化》，厦门大学出版社 2011 年版，第 15 页。

② 武斌：《孔子西游记：中国智慧在西方》，广东人民出版社 2021 年版，第 25 页。

说："道之以政，齐之以刑，民免而无耻；道之以德，齐之以礼，有耻且格"，强调以德治国的重要性，认为德政能够培养民众的羞耻心，从而自觉遵守廉洁规范，并提倡廉洁自律。孔子曰："君子求诸己，小人求诸人"（《论语·卫灵公》），强调君子注重自我反省和修养，而不是一味地苛责他人。其次，孟子在《孟子·滕文公下》中有云："富贵不能淫，贫贱不能移，威武不能屈，此之谓大丈夫"，对廉洁操守进行高度赞扬的同时，强调不因外部环境的变化而改变自己的廉洁本性。同时，孟子还说："人之有道也，饱食、暖衣、逸居而无教，则近于禽兽"，强调人与动物的区别在于教育，倘若没有教育，没有精神层面的追求和要求，那么人和动物便没有区别了，此处足见孟子提出通过教育提升人的道德修养的重要观点。再次，《大学》作为儒家经典之一，强调修身、齐家、治国、平天下的理念。《礼记·学记》中也提到："独学而无友，则孤陋而寡闻"，强调交流和学习对保持廉洁自律的重要性。最后，荀子在《荀子·修身》中强调："不廉则无所不取，不耻则无所不为"，指出廉洁的重要性和不廉洁行为的危害。总之，儒家经典文献展示了儒家思想中廉洁文化的深厚传统，不仅强调了廉洁作为个人修养、家国治理以及社会和谐的重要基石，还对如何获取德行修养等渠道和要求提出了独到的见解，不仅在当时发挥了重要作用，对后世乃至今天也产生重要影响。

诚然，任何思想都是时代的产物，也必然先天无法摆脱所处时代的历史局限性。但无论如何，肯定儒家思想的积极作用是正确认识中华优秀传统廉洁文化理论基础的前提。儒家思想不仅对中华文化产生影响，且辐射周边，在世界尤其东亚地区产生深远影响。其中韩国、日本最为典型。以韩国为例，韩国传统文化的核心便是儒家文化，儒家文化在韩国人意识中根深蒂固，对其家族观、民族主义、尚贤重教、等级观念、面子文化等方面影响至今。[①] 整体而言，儒家思想对中华优秀传统廉洁文化的贡献主要体现在以下几个方面：第一，树立廉洁的道德标准。儒家思想强调"修身齐家治国平天下"，其中修身是基础。修身的核心是道德修养，包括廉洁自律。《论语》中孔子提倡"其身正，不令而行；其身不正，虽令不从"，强调领导者必须以身作则，廉洁自律，才能有效治理国家，强调为政者道德楷模、表率的示范引领作用。第二，确立廉洁的行为规范。儒家经典如《礼记》《大学》等详细规定了个人和官员的行为规范，强调公私分明、公正廉洁。例如，《礼记》中提到"为政以德，譬如北辰，居其所而众星共之"，强调以德治国，其中廉洁是德治的重要内容。第三，倡导廉洁的社会风气。儒家思想倡导"民为贵，社稷次之，君为轻"，认为民众的利益高于一切，官员应当廉洁奉公，以民为本。孟子更是明确提出："乐民之乐者，民亦乐其乐；忧民之忧者，民亦忧其忧"，认为官员的廉洁行为能够赢得民心，促进社会和谐。第四，教育和培养廉洁的官员。儒家教育体系中，廉洁是重要的教育内容之一。通过《大学》《中庸》《孟子》等经典的学习，培养官员的廉洁自律意识。《大学》中提到"修身、齐家、治国、平天下"，其中，修身是基础，廉洁是修身的重要内容，随后才是一一递进的内宅家庭人伦关系到国家治理，最后及至天下，从微观到中观再到宏观。第五，批评和监督不廉洁行为。儒家思想重视对不廉洁行为的批评和监督。荀子在《荀子·修身》中指出"不廉则无

---

① 徐永彬：《韩国商务环境》，对外经济贸易大学出版社 2014 年版，第 186-188 页。

所不取，不耻则无所不为"，警示人们廉洁的重要性和不廉洁行为的危害。这种思想对后世形成有效的监督机制产生了深远影响。第六，塑造廉洁的文化氛围。儒家思想通过礼教和伦理道德的传播，塑造了社会的廉洁文化氛围。因此，无论是家庭教育还是社会教育，都强调廉洁自律的重要性，廉洁成为社会普遍认同的价值观念。

总之，儒家思想是中华文明特殊地理、环境的产物，为中华优秀传统廉洁文化提供理论基础的同时，还通过实际教育和制度安排，使廉洁成为社会普遍遵循的道德准则、行为规范，对中华优秀传统廉洁文化的发展和传承产生了深远影响。日本、韩国由于和我国同属东亚小农生产，加之两国地缘相近，经济、社会和人文背景相似，因此，也深受儒家文化影响，并对其各自廉洁文化产生重要影响。① 由此足见儒家文化作为中华优秀传统廉洁文化理论基石的地位及影响力。

（二）道家思想

在中国传统思想文化中，道家思想的地位和影响仅次于儒家，且在先秦便已出现；而"道家"这一名称的出现则是在西汉初年，当时被称为"道德"学派，也称"道德家"，后简称"道教"。② 道家思想也对中华优秀传统廉洁文化有着深刻的影响。道家经典如《道德经》和《庄子》，包含了许多关于廉洁的论述和思想。

老子在《道德经》中有云："不尚贤，使民不争；不贵难得之

---

① 周文夫、彭建强：《农村现代化问题研究》，河北人民出版社 2017 年版，第241 页。

② 金帛：《当代中国概览》，五洲传播出版社 2023 年版，第 72 页。

货，使民不为盗"，认为如果不去标榜那些贤能的人，民众就不会互相争斗；如果不把稀有的物品看得过于贵重，民众就不会去偷窃；其思想旨在强调通过减少诱惑以保持社会廉洁风尚，即通过"无为"达到"无为而治"的目的，继而从国家治理层面，主张为政者应"道法自然"，顺势而为。此外，老子在《道德经》中还强调："持而盈之，不如其已；揣而锐之，不可长保；金玉满堂，莫之能守"，强调知足常乐，不贪求过多的财富和地位，从而保持内心的清净与廉洁。从中不乏朴素的辩证法思想以及道教哲学思辨的智慧。

庄子在继承并发展老子思想的基础上，认为"道"是"自本之根""无所不在"，主张"物我为一"、安时处顺、逍遥自得，其思想主要集中在《庄子》一书中，该书主要采用寓言形式记载，名篇有《逍遥游》《齐物论》等。① 庄子的"清静无为""自然之道"等思想为中华优秀传统廉洁文化奠定了理论基础。例如，庄子在《庄子·天道》篇中认为："夫虚静恬淡，寂漠无为者，万物之本也"，强调清静无为是自然的本质，是个人修养的核心；认为个人通过内心的清静和无为，可以抵御外界的诱惑，保持廉洁。"自然之道"则是庄子在《庄子·逍遥游》篇中的观点，"且夫水之积也不厚，则其负大舟也无力"，强调人应当顺应自然，不应过分追求名利，保持廉洁，有助于避免贪欲。其中，"淡泊明志"的廉洁思想，强调圣人处于静谧之中，观察事物的变化，强调通过内心的静谧来保持心境的纯净和廉洁。

道家思想提倡"无为而治""清静无为""知足常乐"等理念，

---

① 绘时光：《妙趣 60 秒读懂中国词儿》，四川教育出版社 2022 年版，第 122–123 页。

为廉洁文化提供了重要的思想资源，强调顺应自然、减少欲望、保持内心的清净，从而达到廉洁自律的目标，不仅对个人修养有重要影响，也为社会治理提供了宝贵的智慧。整体而言，道家思想对中华优秀传统廉洁文化的贡献主要体现在以下几个方面：第一，倡导自然之道。道家思想强调顺应自然，提倡"无为而治"，不干预自然秩序，减少人为的贪欲和争斗，从而实现社会的和谐与廉洁。例如，《道德经》云："人法地，地法天，天法道，道法自然"，顺应自然的观念，有助于培养廉洁自律的品质。第二，减少欲望，知足常乐。道家主张"知足常乐"，强调减少对物质财富的追求，保持内心的宁静与满足。老子在《道德经》中倡导"知足者富"、减少欲望的理念，有助于人们抵御物质诱惑，保持廉洁。第三，提倡无为而治。"无为而治"是道家治理思想的核心，强调统治者要减少干预和控制，让社会自然运转，从而减少腐败和贪污的发生。例如，老子在《道德经》中说："治大国，若烹小鲜"，意思是治理国家应该像煮小鱼一样，不能频繁翻动，避免扰乱正常秩序。第四，重视清静无为。例如，庄子强调"清静无为"，主张通过内心的清静和淡泊，达到无欲无求的境界。这种思想有助于人们保持内心的纯净，避免被外界的名利所诱惑，从而保持廉洁。第五，提供个人修养的途径。道家思想通过提倡"虚静""恬淡""寂漠无为"等修养方法，帮助个人保持内心的廉洁。例如，《庄子》中提到，通过修炼内心的宁静，可以抵御外界的诱惑，保持廉洁自律。第六，塑造清廉的社会风气。道家通过提倡自然无为、知足少欲，影响了社会的价值观念，形成了崇尚廉洁的社会风气，有助于减少社会上的贪污腐败行为，促进社会的和谐与稳定。第七，影响官员的治理理念。道家思想对官员的治理理念产生了深远影响，许多统治者在治理国家时，借鉴了道家的"无为而治"思想，减少了对社会的干预，提倡简政放权，从而减少了官员的腐败行为。

总之，道家思想的自然之道、减少欲望、无为而治、清静无为等，为中华优秀传统廉洁文化的形成和发展提供了重要的思想资源和实践指导，不仅帮助个人保持廉洁自律，也为社会治理提供了宝贵的智慧。

（三）法家思想

法家思想通过强调法治、制度建设、监督问责和奖罚分明等方式，对中华优秀传统廉洁文化的形成和发展产生了深远影响。法家思想对于中华优秀传统廉洁文化的影响主要表现在以下几个方面：

第一，《韩非子》中多次提到廉洁的重要性，强调法治对维护廉洁的关键作用。例如，《韩非子·二柄》中说："君有三宝：一曰法，二曰势，三曰术"，强调通过法治和权势来维护社会的廉洁和稳定。《韩非子·定法》中强调："法者，编著之图籍，设之于官府，而布之于百姓者也"，说明法律的重要性和普及性，并强调通过法律规范官员和民众的行为，确保廉洁。此外，韩非子强调要慎重选拔官员，认为选拔贤能之士是维护廉洁的重要途径。《韩非子·外储说右下》中提到："明主之所导，必先去私"，意思是明智的君主首先要去除私人关系的干扰，选拔真正廉洁有能的人才。同时，《韩非子·有度》中提到："治国有常，而利民为本；政教有经，而令行为上"，强调以法治国，通过法律规范和行政命令来维持社会秩序，确保廉洁，并在《韩非子·二柄》中提出了"赏罚"二柄的概念，认为通过奖励和惩罚相结合，可以有效地激励官员廉洁奉公，"赏者，君之所以劝也；罚者，君之所以禁也"，奖罚并用可以有效地防止贪污腐败。

第二，《商君书》中关于廉洁的思想。商鞅在《商君书·赏刑》中强调："赏厚则民劝，罚重则民畏"，认为只有通过严格的法律和严厉的惩罚，才能有效地维护社会的廉洁。在《商君书·开塞》中，商鞅提出了"去私立公"的理念，认为只有摒弃私人利益，立足于公共利益，才能实现真正的廉洁，即"公生明，廉生威"，意思是公正可以产生明察，廉洁可以产生威信。同时，强调通过法律制度来维护廉洁。例如，《商君书·君臣》篇提到："治国者，以法为本，守法者，以刑为要"，强调以法治国，通过严刑峻法来确保官员和民众的廉洁。

第三，《管子》中关于廉洁的思想。《管子·立政》中提到："法令如一，则上下无怨"，强调法律的统一性和一致性，认为只有法律一致，才能确保官员和民众行为规范，防止不廉洁行为的发生。同时，《管子·治国》中提出对官员进行审计和监督的必要性，即"治国者，不可以不审"，强调通过审计和监督，及时发现和惩治不廉洁行为，确保官员的廉洁。同时，提出通过制度和法律来维护廉洁。例如，《管子·牧民》中提到："法者，天下之程式也，万事之仪表也"，强调法律是规范天下行为的标准，通过法律来确保官员的廉洁。

法家思想对于中华优秀传统廉洁文化的贡献主要体现在其法治、制度建设和对官员行为的严格约束方面：第一，强调法治的重要性。法家思想认为，只有通过严格的法律制度，才能有效地治理国家，防止腐败和不廉洁行为。第二，制度化的廉洁保障。法家注重通过制度和法律来保障廉洁，主张用法律规范官员行为，通过严厉的法律惩罚来震慑潜在的不廉洁行为。第三，重视监督和问责。法家思想强调对官员的监督和问责，认为只有通过严密的监督机制，才能确保官员的廉洁，确保官员行为规范。第四，奖罚分明。法家提倡奖罚分明，以严格的奖惩制度来维护廉洁，确保官员的行为符合法律和廉洁要求。第五，实事求是，反对虚伪作风。法家强调实事求是，反对虚伪作风，主张通过法律和实际行动来确保官员的真正廉洁。总之，法家思想不仅帮助古代社会建立了较为完善的廉洁制度，也为后世的廉政建设提供了宝贵的借鉴。

三、中华优秀传统廉洁文化的重大意义

中华优秀传统廉洁文化作为中华优秀传统文化的重要组成部分，在个人品德修养、社会治理、经济发展、文化传承、国际影响等诸多方面产生了积极而深远的影响，在历史和现实中都具有重要意义。

（一）塑造高尚品行

塑造高尚品行指的是培养和形成个人在道德、伦理和行为方面的高标准、高品质的行为和态度。这种高尚品行不仅体现在个人的内在品质上，还在外在行为中表现出来。具体来说，塑造高尚品行包括道德自律、诚实守信、无私奉献、廉洁自律、公正公平、尊重他人、责任担当、勇于创新等。中华优秀传统廉洁文化在塑造高尚品行方面具有重要意义。首先，中华传统文化中有许多关于廉洁的经典名言和故事，如《论语》《道德经》等经典著作，强调诚实守信、廉洁自律等美德规范，为个人行为提供了明确的指导，使人们在日常生活和工作中自觉遵守。其次，廉洁文化强调无私奉献、公而忘私等精神与中国传统的家国情怀和集体主义价值观密切相关，并能够培养人们的社会责任感和集体荣誉感，使个人的行为更加高尚。通过历史故事和现实榜样，廉洁文化树立了行为准则。例如，包拯、海瑞等历史人物以其清正廉洁的形象，成为后人学习的榜样，有助于激励人们追求高尚品行，远离腐败和不正之风。再次，廉洁文化的传播有助于形成良好的社会风气，减少腐败行为，提高社会诚信度和公信力。在这样一个氛围中，个人的高尚品行不仅得到认可，还能得到社会的尊重和支持。最后，中华文化重视家教，家庭是廉洁文化传承的重要载体。父母通过言传身教，将廉洁自律的观念传递给子女，从而在家庭内部形成良好的教育环境，促使下一代具备高尚的品行。总之，中华优秀传统廉洁文化通过道德规范的引导、价值观的培养、行为准则的树立、社会风气的改善以及家庭教育的影响，发挥着塑造高尚品行的重要作用。

（二）凝聚社会力量

凝聚社会力量指的是将社会成员的共同意志、价值观、行为和资源集中起来，形成一种强大的、团结一致的合力，以推动社会进步、维护社会稳定和促进社会和谐。凝聚社会力量包括形成共同目标和愿景、增强社会团结和协作、提升社会信任和互助、培育共同的价值观和道德规范、动员和组织社会资源、鼓励公民参与和有责任感、建立和维护社会制度和规则。中华优秀传统廉洁文化在凝聚社会力量方面具有重要意义，主要体现在以下几个方面：首先，增强社会信任。廉洁文化强调诚实守信、公正廉洁，有助于建立和维护社会的信任基础，增强社会成员之间的信任，有利于减少摩擦和冲突，形成良好的社会氛围。其次，促进社会公正。廉洁文化倡导公平、公正、无私的价值观，能够有效抵制腐败和不正之风，促进社会的公平正义。这种环境下，社会资源能够更公平地分配，社会矛盾减少，凝聚力增强。再次，激发社会责任感。廉洁文化强调个人的社会责任和道德义务，鼓励人们为社会公共利益作出贡献。当更多的人具备这种责任感时，社会的凝聚力和向心力自然得到提升，有助于营造一个清正廉洁、和谐稳定的社会环境，形成强大的社会凝聚力。最后，推动社会进步。廉洁文化能够激励社会成员积极进取，努力提升自我，追求卓越，有助于推动社会不断进步和发展，从而增强社会的整体力量。

总之，中华优秀传统廉洁文化通过增强社会信任、促进社会公正、塑造共同价值观、激发社会责任感、树立正面榜样、营造和谐社会氛围以及推动社会进步，发挥着凝聚社会力量的重要作用。

（三）推动经济发展

推动经济发展指的是通过一系列措施和手段，促进生产力的提高、市场需求的扩大、经济结构的优化、基础设施的提升、创新创业的推动、营商环境的改善、教育和培训的提升、国际合作的加强以及环境保护和资源的可持续利用，从而实现经济的持续增长和社会的全面进步。中华优秀传统廉洁文化在推动经济发展方面具有重要意义，主要体现在以下几个方面：首先，增强信任。廉洁文化强调诚信和公平，能够增强市场主体之间的信任，使得企业和个人在进行经济活动时，更加愿意合作，交易成本降低，有助于市场的健康运行和繁荣发展。其次，提高行政效率。廉洁文化有助于减少腐败现象，提高政府和公共部门的行政效率，有助于为经济发展提供良好的环境和服务，吸引更多投资和创业活动。再次，营造公平竞争环境，减少资源浪费，增强社会稳定，促进长远投资。最后，提高劳动力素质，优化公共服务。廉洁文化强调诚实守信、无私奉献，有助于培养高素质的劳动力队伍，提升企业的生产力和创新能力，提升公共服务的质量和效率。

总之，中华优秀传统廉洁文化通过增强市场信任、提高行政效率、营造公平竞争环境、减少资源浪费、增强社会稳定、促进长远投资、提高劳动力素质以及优化公共服务等，推动了经济的发展，在经济发展中起到了至关重要的作用。

（四）促进文化传承

促进文化传承指的是通过各种手段和措施，文化的核心价值观、传统习俗、语言文字、艺术形式、历史记忆等在不同代际之间得到延续和发扬光大，从而保持文化的生命力和独特性。促进文化传承不仅是对过去文化的尊重和保护，更是对未来文化发展的责任和使命。中华优秀传统廉洁文化在促进文化传承方面具有重要意义，主要体现在以下几个方面：首先，传递核心价值观。廉洁文化中的核心价值观如诚信、勤俭、正直和公正等，是中华优秀传统文化的重要组成部分。通过传承这些价值观，可以保持和弘扬中华民族的传统美德，使其在不同代际间延续和发扬光大。其次，教育和启迪后代。通过家庭教育、学校教育和社会教育，将廉洁文化的理念和故事传递给下一代，有助于培养他们的道德品质和社会责任感，有助于增强民族的文化认同感和自豪感。再次，促进文化交流。廉洁文化不仅在国内具有重要意义，也在国际文化交流中发挥作用。通过向世界展示中国文化中廉洁的价值观和实践，可以促进不同文化间的理解和交流，提升中国文化的国际影响力。最后，保护文化遗产。廉洁文化的传承有助于保护和传承与之相关的文化遗产，包括文献、历史遗址和民俗活动等。这些文化遗产是中华文化的重要载体，保护和利用这些遗产，可以更好地传承廉洁文化。

总之，中华优秀传统廉洁文化通过传递核心价值观、塑造社会风气、教育后代、加强文化认同、促进文化交流、支持社会治理和保护文化遗产等多种方式，发挥着促进文化传承的重要作用，不仅有助于保持中华文化的独特性和连续性，也有助于增强民族的凝聚力和文化自信。

（五）提升国际影响力

提升国际影响力是一个综合性的战略目标，涉及政治、经济、文化、科技、军事等多个领域。通过多种方式和手段，增强国家在全球范围内的影响力和话语权，提升国际地位和形象，从而在国际事务中发挥更大的作用和影响。中华优秀传统廉洁文化在提升国际影响力方面具有重要意义，主要体现在以下几个方面：首先，树立国家形象。廉洁文化是中华优秀传统文化的重要组成部分，代表了诚信、公正和廉洁的价值观。向世界展示这种文化，有助于树立一个清正廉洁、诚信友好的国家形象，提升国家在国际社会中的声誉和形象。同时，廉洁文化作为一种软实力，可以通过文化交流、教育合作和媒体传播等方式影响其他国家和地区。软实力的增强能够提高国家的国际影响力，促进国际社会对中国文化的认可和尊重，增强国际间的互信，促进合作关系的建立和深化，特别是在反腐败、社会治理和道德建设等领域的合作。其次，传播中华文化。廉洁文化作为中华优秀传统文化的重要组成部分，通过各种国际交流和传播平台，可以向世界展示中华文化的独特魅力和价值。这有助于增强中华文化的国际影响力，推动中华文化走向世界。再次，推动全球反腐败合作。廉洁文化强调反对腐败，倡导廉洁自律。中国在推广廉洁文化的过程中，可以积极参与和推动全球反腐败合作，与国际社会共同应对腐败问题，提升全球治理水平。最后，改善全球治理。廉洁文化提倡公平正义和公共利益优先的理念，有助于改善全球治理结构，推动构建更加公平、公正、透明的国际秩序，为全球治理贡献中国智慧和中国方案。

总之，中华优秀传统廉洁文化通过树立国家形象、增强文化软实力、促进国际合作、提升国际竞争力、传播中华文化、树立道德典范、推动全球反腐败合作和改善全球治理等，发挥着提升国际影响力的重要作用。廉洁文化不仅是中国的宝贵财富，也是全球共享的精神财富，能够为构建和谐、公正的国际社会贡献积极力量。

第二章
中华优秀传统廉洁文化的发展脉络

中华优秀传统廉洁文化的发展脉络可以追溯到中国古代。中华文化是在半封闭的大河大陆型原始协作农业自然经济以及家国一体的宗法分封制的基础上产生的：体现为夏、商、周三代的社会——文化形态，从秦汉一统到明清宗法君主专制，以及以此为基础构建出家国一体的宗法君主专制与儒、释、道三教合一的文化内核。① 地理环境造成文化特殊性的同时，人文思想塑造了其精神内核，并在漫长的历史过程中不断演变和丰富，形成了独特而系统的廉洁思想和实践。廉洁文化的发展脉络为现代社会的廉政建设提供了丰富的理论和实践基础。研究这一脉络，有助于制定科学合理的廉政政策和措施，推动现代化治理体系的完善。

一、先秦：中华优秀传统廉洁文化的奠基阶段

先秦时期指的是中国历史上从传说中的三皇五帝时期，到秦朝建立之前的这段时间，大致包括了从公元前 21 世纪的夏朝开始，到

---

① 周毅：《中华传统文化与人生修养》，四川大学出版社 2016 年版，第 49 页。

公元前 221 年秦朝建立的历史阶段。"先秦时期"涵盖了中国历史上从夏朝、商朝、周朝直到战国时期结束的一段漫长历史，思想家百家争鸣，形成了儒、道、墨、法等重要思想流派，奠定了中华文化的基本价值体系，是中华优秀传统文化的奠基阶段，也为后世文化的发展提供了丰富的思想资源、制度框架和文化积淀。因此，研究中华优秀传统廉洁文化最早应从先秦开始。

（一）先秦时期中华优秀传统廉洁文化的概况

先秦时期作为中华文化的源头，许多重要的思想、制度和文化传统都在这一时期形成和发展，如《论语》《孟子》《老子》《庄子》等，记录了大量关于道德、廉洁和治理思想的同时，也为后世进一步了解廉洁文化提供了较为充分的史料记载。此外，先秦时期特别是春秋战国时期，诸子百家争鸣，形成了包括儒家、道家、法家等在内的诸多思想体系。其中，儒家思想特别强调修身齐家治国平天下，重视道德修养和廉洁自律，为后世的廉洁文化奠定了基础。同时，先秦时期作为中国历史上社会变革和制度创新的重要时期，各国君主和政治家开始在治理实践中不断探索廉洁政治的实现途径，如《周礼》中的官员选拔和监察制度、《礼记》中的官德规范等，对后世产生了深远影响。加之，先秦时期留下了大量经典文献，如《尚书》《左传》《礼记》等，包含丰富的廉洁思想和制度实践记录，是研究廉洁文化的重要资料来源。更为重要的是，先秦时期各国在治理中的成功经验和失败教训，如商鞅变法、孔子的礼治思想、老子的无为而治等，为后世提供了宝贵借鉴的同时，对后来的廉洁文化形成起到了重要作用。因此，研究中华优秀传统廉洁文化势必要从先秦开始，便于从头全面、深入地理解其发展脉络和核心思想，从而更好地传承和发扬这一宝贵的文化遗产。

先秦作为中华优秀传统廉洁文化的奠基阶段，孔子、孟子、老子、庄子、墨子、管仲等古代先哲作为这一时期的代表人物，提出的廉洁思想不仅在当时发挥了重要功能，而且影响后世，为后世廉洁思想的发展演进奠定基础。

1. 孔子

孔子身处的时代是春秋末期。随着铁器和牛耕的推广，农业生产力提高的同时，土地兼并现象严重，贫富差距加大，社会矛盾突出；各国争战不断，政治格局频繁变动，导致社会动荡不安；君主和官员为了维护和扩展权力，往往不择手段，贪污腐败现象普遍。加之，传统的宗法制度和礼乐制度受到冲击，社会道德和伦理规范逐渐丧失，导致人们更加放纵和贪婪。面对当时社会经济、政治、礼法等方面出现的"礼崩乐坏"，孔子提出诸多改革思想。

首先，恢复礼制，重建秩序。孔子主张恢复和重建周礼，以礼治国，以德治民。孔子认为通过恢复礼制，可以重建社会秩序和道德规范，减少官员的贪腐行为。他在《论语·学而》中提出："礼之用，和为贵。先王之道，斯为美。"强调礼仪和谐的重要性，以此规范官员的行为。其次，君子之道，廉洁自律。孔子在《论语·里仁》中认为："君子喻于义，小人喻于利"，提出"君子"与"小人"的对比，强调君子应以道义为重，而非追逐利益；官员应追求"君子"之道，具备高尚的道德品质，廉洁自律。再次，以德治国，民心所向。孔子提倡"德治"，认为领导者应以身作则，通过自身的道德修养和廉洁行为感化和带动百姓，是一种有效的治理方式，有助于减少贪腐。例如，孔子在《论语·为政》中提出："为政以德，譬如北辰，居其所而众星共之"，认为领导者应当用德行来治理国家，就像北极星一样，它自身不动，但其他星星都会围绕着它，通过比喻说明了德治的重要性，领导者以德行感化百姓，百姓自然会跟随，从而实现有效治理。最后，注重教育，道德培养。孔子非常重视教育，认为通过教育可以培养官员的道德修养和廉洁品质。他创办私学，教授学生仁、义、礼、智、信等道德品质，期望通过教育培养出廉洁自律的官员和贤能之士，来改变社会风气。

总之，孔子的廉洁思想是对春秋末期社会动荡、政治腐败现象的回应，具有明确的现实针对性。他试图通过恢复礼制、倡导君子之道、推行德治和重视教育等方式，重建社会秩序，减少贪腐，培养廉洁自律的官员。这些思想在他所处的时代具有重要的意义，对后世也产生了深远影响。

2. 孟子

孟子生活在战国时期，这是中国历史上一个动荡不安、战乱频仍的时代。战国时期的社会背景和政治环境对孟子的廉洁思想产生了深刻的影响。战国时期，各国为争夺霸权不断进行战争，形成了战国七雄（齐、楚、燕、韩、赵、魏、秦）争霸的局面。各国为了增强实力，纷纷进行变法和改革，但同时也出现了大量的政治腐败和社会不公现象。战争导致社会动荡不安，农民负担沉重，贫富差距显著。土地兼并现象严重，许多农民失去土地，沦为流民。社会矛盾激化，民众生活困苦。与之形成鲜明反差的是，战国时期也是思想活跃、诸子百家争鸣的时代。各家学派纷纷提出各自的治国理想和治理方略，儒家、法家、墨家、道家等思想在这一时期蓬勃发展。孟子的思想是其所处时代的产物。

首先，民本思想的形成。孟子所处的战乱时代，使其深刻体会到战争给百姓带来的痛苦和灾难。为此，孟子在《孟子·尽心下》

中提出"民为贵，社稷次之，君为轻"的民本思想，强调人民的利益高于国家和君主，认为统治者应关心民生，保持廉洁。其次，义利之辨。面对战国时期各国追逐利益、不择手段的政治现实，孟子提出了"义利之辨"，强调官员应重视道义而非追逐私利。他在《孟子·告子上》中说："鱼我所欲也，熊掌亦我所欲也；二者不可得兼，舍鱼而取熊掌者也。生亦我所欲也，义亦我所欲也；二者不可得兼，舍生而取义者也"，表明道义比生命和利益更重要，官员应当坚守廉洁奉公。再次，反对暴政，推崇仁政。战国时期，各国君主为了争夺权力，往往实行暴政，民众生活困苦。孟子反对暴政，主张仁政，认为统治者应以仁德治国，减轻民众负担，保持廉洁自律。孟子在《孟子·梁惠王上》中说："不违农时，谷不可胜食也；数罟不入洿池，鱼鳖不可胜食也；斧斤以时入山林，材木不可胜用也"，主张合理利用资源，关爱百姓，减少剥削和压迫。最后，推崇"浩然之气"。孟子在《孟子·公孙丑上》中提到"浩然之气"，强调官员应具备一种浩然正气，不为名利所动，保持廉洁正直。这种气质使官员能够坚持原则，不受外界诱惑和压力的影响，从而做到廉洁自律。

总之，孟子生活在一个战乱频繁、政治腐败、社会动荡的战国时代，这一背景深刻影响了他的廉洁思想。孟子通过提出民本思想、义利之辨、仁政主张和浩然之气，强调统治者应当关心民生、重视道义、反对暴政、保持廉洁，这些主张不仅是对战国时期社会现实的回应，也为后世提供了宝贵的廉洁文化遗产。

3. 老子

老子生活在春秋时期，这是中国历史上一个重要的变革时期。春秋时期是东周的前半段，社会和政治环境复杂多变。老子生活在政治分裂与争权夺利、社会结构变迁、礼崩乐坏的时代。由于周王室衰微，地方诸侯逐渐割据，形成诸侯争霸的局面。各国君主为了争夺权力和土地，频繁发动战争，社会动荡不安。同时，这一时期，随着经济的发展和人口的增长，社会结构发生了变化。土地兼并现象严重，贫富差距加大，社会矛盾日益激化。面对政治、经济的变革，传统的宗法制度和礼乐制度受到冲击，社会道德和伦理规范逐渐丧失，导致人们更加放纵和贪婪。所处环境与时代变革对老子思想产生了深刻影响。老子本人被视为隐士的典范，他一生追求简朴和自然，不追逐名利，拒绝世俗的诱惑。据传，老子在晚年离开朝廷，骑青牛西出函谷关，隐居于深山，这种隐士风范成为后世廉洁官员效仿的榜样。老子的思想主要记录在《道德经》中，他的廉洁思想具有独特的哲学视角，强调自然、简朴、无为而治。

首先，无为而治。老子提倡"无为而治"，主张统治者应顺应自然、减少干预。他在《道德经》第三章中说："不尚贤，使民不争；不贵难得之货，使民不为盗；不见可欲，使心不乱"，认为统治者应保持简朴，不追求荣华富贵，从而减少贪腐行为。老子提倡领导者应顺应自然、减少干预，保持廉洁。他在《道德经》第五十七章中说："我无为而民自化，我好静而民自正，我无事而民自富，我无欲而民自朴"，反映了他主张领导者应简朴和克制，避免贪欲和腐化。其次，见素抱朴，少私寡欲。老子提倡简朴生活，反对贪欲和奢华。他在《道德经》第十九章中说："见素抱朴，少私寡欲，绝学无忧"，强调保持本真，减少私欲，提倡领导者应以身作则，廉洁奉公。此外，《道德经》第六十章说："治大国若烹小鲜"，比喻治理国家要像烹饪小鱼一样，不可操之过急，要顺其自然，减少干预，反映了他对简朴、自然、廉洁的推崇。再次，以身作则。老子认为领导者应通过自身的道德修养和行为感化百姓，在《道德经》第十七章中说："太上，不知有之；其次，亲而誉之；其次，畏之；其次，侮之"，认为最理想的领导者是那些不显赫、不张扬的人，他们通过德行赢得百姓的尊重和信任，从而实现有效治理。最后，克己复礼。老子提倡"克己复礼"，强调自我约束和遵守礼仪。他在《道德经》第四十七章中说："不出户，知天下；不窥牖，见天道。其出弥远，其知弥少"，强调通过自我反省和内心修养，领导者能够实现廉洁自律，不被外界所惑。

总之，老子所处的春秋时期，政治腐败、社会动荡、礼乐崩坏，这些背景深刻影响了他的思想，他从而提出了"无为而治"、简朴生活、见素抱朴、克己复礼等廉洁思想，主张领导者应以德治国，减少干预，保持简朴和廉洁。这不仅对当时的社会有重要意义，对后世也产生了深远的影响，成为中华优秀传统廉洁文化的重要组成部分。

4. 庄子

庄子，名周，字子休，生活在战国时期，这是一个动荡不安、变革频繁的时代。战国时期，一方面，各国为了扩展疆域和增强实力，频繁发动战争，导致社会动荡、人民生活困苦。另一方面，战国也是生产力快速发展的时期。铁器和牛耕的推广，使农业生产力大大提高，但同时土地兼并现象严重，贫富差距加大，社会矛盾突出。儒家、道家、法家、墨家等各学派纷纷提出各自的治国思想和治理方略。因此，战国也是诸子百家争鸣的时代，庄子的思想主要体现在《庄子》一书中，他的廉洁思想具有超然物外、追求精神自由的特点。

首先，超然物外，追求精神自由。庄子主张官员应超然物外，不为名利所累。庄子在《庄子·逍遥游》中讲述了"大鹏展翅"的故事，象征着人应追求精神上的自由和超脱，不被世俗的功名利禄所束缚，引导官员保持廉洁，避免被物质欲望所累。庄子的思想有其独特的理论气韵与人格魅力，这与其自身生平及经历密不可分。庄子一生清贫，但他拒绝出仕为官，多次婉拒各国君主的邀请。据《庄子·秋水》记载，楚王曾派使者请庄子为相，但庄子坚辞不受，宁愿过隐逸的生活。这体现了庄子对名利的淡泊和对廉洁生活的追求。其次，反对名利，崇尚自然。庄子在《庄子·齐物论》中说："人生天地之间，若白驹之过隙，忽然而已"，意思是人生短暂，应当顺应自然，淡泊名利；倘若只追求名利只会带来烦恼和腐化，官员应保持简朴和廉洁。庄子在《庄子·山木》中讲述了"惠子相梁"的故事，批评了那些追逐名利、权力的人，提倡简朴自然、超然物外的生活态度，反映了他的廉洁思想。再次，内心宁静，淡泊寡欲。庄子在《庄子·大宗师》中讲述了"庖丁解牛"的故事，强调通过内心的宁静和对道的理解，可以达到一种高超的境界，比喻官员应通过修炼内心，淡泊寡欲，从而保持廉洁。庄子在教育学生时，强调道德修养和内心宁静，反对追逐名利。他在《庄子·知北游》中提到"天地有大美而不言"，强调自然之美和内心的平静，提倡官员应保持廉洁，远离物欲。最后，自然无为，反对强制。庄子主张"无为而治"，认为统治者应顺应自然规律，减少对民众的干预。他在《庄子·天道》中说："圣人不死，大盗不止"，意思是过度的政治干预和追逐名利只会导致社会动荡和腐败，提倡顺应自然，保持清廉。

总之，庄子所处的战国时期，政治腐败，社会动荡，贫富差距加大，这些背景深刻影响了他的思想。他提出了超然物外、追求精神自由、反对名利、崇尚自然、内心宁静、自然无为等廉洁思想，主张领导者应顺应自然规律，减少干预，保持清廉。这些思想不仅在当时具有重要意义，对后世也产生了深远的影响，成为中华优秀传统廉洁文化的重要组成部分。

5. 墨子

墨子生活在战国初期，各诸侯国之间纷争不断，战事频繁。各国为了增强国力，实施了多种变法和改革，但政治腐败和社会不公现象依然存在。尽管这一时期战争多发，但社会经济仍在不断发展，农业生产力提高，手工业和商业也逐步繁荣。然而，土地兼并严重，贫富差距扩大，社会矛盾加剧。因此，为应对社会问题，各学派提出了不同的治国思想和治理方略。诸子百家争鸣，各种思想流派兴起并发展，墨子创立了墨家学派，并提出了与儒家、道家不同的治国理念。因此，这一时期，也是中国历史上一个思想活跃的时代。墨子的思想主要记录在《墨子》一书中，他的廉洁思想主要体现在以下几个方面：

首先，兼爱非攻。墨子主张"兼爱"，即无差别地关爱所有人，反对狭隘的家族和个人利益。他在《墨子·兼爱》中说："兼相爱，交相利，爱人若爱其身"，强调领导者应爱民如己，关心民生，从而减少贪腐。墨子提倡无差别地关爱所有人，这在当时的社会环境中是一种革新的思想。其次，节用。墨子提倡节俭，反对奢侈浪费，认为国家和个人都应勤俭节约，以减少社会的不公和腐败。他在《墨子·节用》中说："食足以乐，衣足以安"，强调衣食足够就好，不应追求奢华。墨子极力反对奢侈浪费，提倡节俭。他在《墨子·节用》中说："人皆俭以治其身，则国家亦富"，强调如果每个人都能节俭治家，那么整个国家也会富裕起来。这种节俭思想对当时奢侈风气和官员腐败具有强烈的批判意义。墨子不仅在理论上提倡廉洁，他本人也身体力行，过着简朴的生活。他常穿粗布衣服，吃简单的饭食，以身作则，践行自己的思想。这种生活方式为弟子和后世树立了廉洁的榜样。再次，尚贤。墨子主张"尚贤"，即重用有才能和德行的人，反对任人唯亲和贪腐。他在《墨子·尚贤》中说："国有贤良之士众，则国家之治厚"，强调领导者应以德才作为选拔官员的标准，以确保廉洁高效。墨子主张任用贤能，反对任人唯亲和贪腐，在《墨子·尚贤》中说："举天下之贤，明以尚之"，强调官员的选拔应以德才为标准，有助于形成清廉高效的政府。最后，非命。墨子反对盲目相信命运，提倡通过努力和道德行为来改变命运。他在《墨子·非命》中批评宿命论，认为命运不是固定不变的，官员应通过廉洁和勤勉来赢得民心和维护国家的稳定。

总之，墨子所处的战国初期，政治动荡，社会不公，贫富差距加大，这些背景深刻影响了他的思想。他提出了兼爱非攻、节用、尚贤、非命等廉洁思想，强调领导者应关心民生、勤俭节约、任用贤能、努力自强，以减少贪腐和社会不公。这些思想不仅对当时的社会治理具有重要意义，对后世也产生了深远的影响，成为中华优秀传统廉洁文化的重要组成部分。

6. 管仲

管仲生活在春秋早期，这一时期，社会经济逐步发展，农业生产力有所提高，但同时也面临土地兼并和贫富差距加大的问题。加之，周王室的权力逐渐衰落，传统的礼乐制度受到冲击，社会道德和伦理规范逐渐丧失，地方诸侯逐渐崛起，各诸侯国之间的频繁争斗使得社会秩序混乱，政治环境不稳定。而管仲所在的齐国是当时其中一个强大的诸侯国，并且由于管仲辅佐，齐桓公成为春秋五霸之一。管仲作为春秋时期的齐国宰相，其思想主要记录在《管子》一书中。整体而言，管仲的廉洁思想主要体现在以下几个方面：首先，以德治国。管仲辅佐齐桓公期间，推行以德治国的理念，倡导道德教化，重视百姓的利益，致力于社会和谐和稳定。管仲提倡"以德治国"，认为领导者应具备道德修养，通过德行感化百姓。例如，《管子·牧民》提出："以德治民，民必和睦"，强调通过道德教化，营造和谐社会，减少贪腐。其次，法治思想。管仲重视法治，提出"以法治国"，认为法律是维护社会秩序的重要手段。他在《管子·治国》中说："法者，天下之准绳也"，强调通过法律的制定和执行，规范官员行为，杜绝贪腐。管仲重视法制建设，制定了多项法律来规范官员和百姓的行为。例如，推动《齐律》的制定，明确了各种违法行为的处罚措施，确保法律的公正执行，从而减少官员的贪腐。再次，尚贤任能。管仲主张选拔和任用贤能之士，反对任人唯亲和裙带关系。例如，在《管子·任士》中提出："举天下之贤才而用之，则天下治"，认为此举有助于形成廉洁高效的政府，减少腐败。管仲在齐国推行"尚贤任能"政策，选拔了许多有才干的官员参与治理国家。例如，他提拔鲍叔牙等贤能之士，共同辅佐齐桓公，使齐国政治清明，减少了因任人唯亲导致的贪腐问题。最后，经济治理。管仲注重经济治理，提倡节约和有效管理国家资源。例如，在《管子·小匡》提出："仓廪实而知礼节，衣食足而知荣辱"，强调国家的富足是社会稳定和廉洁的基础，通过合理的经济政策减少贪腐。为此，管仲实施了一系列经济政策，如《管子·轻重》中提到的"均田制""粮仓制度"，通过合理分配土地和储备粮食，缓解了社会矛盾，促进了经济发展。同时，他提倡节俭，反对奢侈浪费，这对于有效减少官员贪腐机会发挥重要功能。

总之，春秋早期政治动荡，社会经济发展不平衡，礼乐崩坏等背景深刻影响了管仲的思想并形成了其以德治国、法治、尚贤任能、经济治理等廉洁思想，以减少贪腐和社会不公等思想。管仲的廉洁思想不仅对当时的齐国治理具有重要意义，对后世也产生了深远影响，成为中华优秀传统廉洁文化的重要组成部分。

（二）先秦时期中华优秀传统廉洁文化的特点

文化是人类的产物，其实质是"人化"。[①] 先秦时期思想流派虽然在具体主张上有所不同，但都强调了廉洁自律、德治和法治的重要性，不仅成为古代官员行为规范的指导原则，也成为中华优秀传统廉洁文化的重要组成部分。先秦时期在廉洁文化思想史上占据重要地位的同时，形成了这一时期廉洁文化独有的特点。

1. 注重道德修养

先秦时期的廉洁文化强调个人道德修养，认为官员的廉洁与其道德品质密切相关。孔子、孟子等儒家先贤提倡"修身齐家治国平天下"，强调官员应具备高尚的道德情操，如"仁""义""礼"等。孔子在《论语》中提到"君子喻于义，小人喻于利"，强调官员应以道义为重，不应追逐私利。孟子在《孟子》中主张"义利之辨"，认为道义比利益更重要，官员应保持廉洁自律。

2. 强调法律和制度

先秦时期，廉洁文化不仅依靠道德教化，还强调法律和制度的建设。法家思想家如商鞅和管仲主张"以法治国"，通过制定和执行严格的法律来规范官员的行为，防止贪腐。例如，商鞅变法中推行

---

① 周毅：《中华传统文化与人生修养》，四川大学出版社 2016 年版，第 49 页。

了一系列法律改革措施，加强了国家对官员的监督和管理，以减少腐败现象。管仲在齐国制定法律，强调依法治理，确保官员行为规范，减少贪腐。

3. 提倡节俭和简朴

先秦时期的廉洁文化注重节俭和简朴，反对奢侈浪费。墨子提倡"节用"，主张官员和民众都应勤俭节约，以减少社会的不公和腐败。例如，墨子在《墨子·节用》中提倡简朴生活，认为衣食足够就好，不应追求奢华，这种思想有助于减少官员的贪腐行为。老子在《道德经》中提倡"见素抱朴，少私寡欲"，强调领导者应保持本真，减少私欲。

4. 重视教育和选贤任能

先秦时期，廉洁文化重视教育和选贤任能，认为通过教育可以培养官员的廉洁品质，通过选拔贤能之士可以提高政府的廉洁和效率。例如，孔子创办私学，教授仁、义、礼、智、信等道德品质，期望通过教育培养出廉洁自律的官员。管仲在齐国推行"尚贤任能"政策，选拔了许多有才干的官员参与治理国家，减少了因任人唯亲导致的贪腐问题。

5. 民本思想

先秦时期的廉洁文化中，民本思想占有重要地位，主张官员应关心民生，体恤百姓的疾苦，减少贪腐，维护社会公平。例如，孟子在《孟子·尽心下》中说："民为贵，社稷次之，君为轻"，强调民众的利益高于国家和君主，官员应关心民生，保持廉洁。墨子在《墨子·兼爱》中提倡"兼爱"，即无差别地关爱所有人，反对狭隘的家族和个人利益，提倡官员应关心所有百姓，减少贪腐。

6. 超然物外

道家思想中，廉洁文化强调超然物外，追求精神自由，不为名利所累，提倡官员应保持内心的宁静和廉洁。例如，庄子在《庄子·逍遥游》中通过"大鹏展翅"的故事，比喻人应追求精神上的自由和超脱，不被世俗的功名利禄所束缚，从而保持廉洁。老子在《道德经》中提倡"无为而治"，认为统治者应顺应自然规律，减少干预，保持清廉。

总之，先秦时期的中华优秀传统廉洁文化具有注重道德修养、强调法律和制度、提倡节俭和简朴、重视教育和选贤任能、民本思想和超然物外的特点。这些特点共同构成了先秦时期廉洁文化的独特内涵，并对后世的廉政建设产生了深远影响。

（三）先秦时期中华优秀传统廉洁文化的功能

先秦文化是原始文化发展到国家形态文化的中国传统文化，既是中国早期文化的集大成者，又是后世文化的奠基者，是中国古代文化的第一个高峰和文化元基因，甚至可以毫不夸张地说，之后2000多年来的中国传统文化从根本上讲是对先秦文化的延展与回应，因为先秦文化的出现，标志着中国传统文化的形成。① 因此，研究先秦廉洁文化功能极为重要且必要。具体有以下几个功能：

1. 维护社会秩序

先秦廉洁文化通过强调道德修养和法律制度，促使官员自律，减少贪污腐败，从而维护社会秩序。例如，孔子、孟子等儒家先贤的思想中都有关于"修身齐家治国平天下"的内容，且都强调提升

---

① 向怀林：《中国传统文化要述》，重庆大学出版社 2016 年版，第 14—15 页。

官员道德修养有助于形成良好的社会风气，减少违法乱纪行为。此外，法家如商鞅等则强调通过变法，加强法律制度建设，确保官员依法行政，从而维护社会的稳定和秩序。可见，孔子、孟子等先秦思想中，人道思想已经有相当成熟的形态，而且赋予它一种反神权的意义，甚至在某些方面其内涵超越了古代，因为我国早在先秦就已形成了自然主义、人道主义、伦理主义三位一体的独特文化体系。① 而这一点对身处熟人封闭式农耕文明社会秩序的维系产生了极为重要的作用。

2. 促进政治清明

先秦廉洁文化提倡节俭，反对奢侈浪费，选拔贤能之士，建立公平透明的官员管理制度，促进了政治的清明。例如，墨子提倡"尚贤"，主张选拔有才干和德行的人担任官职，反对任人唯亲，有助于提高政府的廉洁和效率。管仲推行"尚贤任能"政策，选拔了许多贤能之士参与国家治理，减少了因裙带关系导致的贪腐问题。

3. 提升民众生活质量

先秦廉洁文化关注民生，提倡民本思想，强调官员要重视百姓的利益，减轻民众负担，提高了民众的生活质量。例如，孟子提出"民为贵，社稷次之，君为轻"，强调官员应关心民生，减轻赋税和徭役，改善民众生活。墨子提倡"兼爱"，主张无差别地关爱所有人，反对狭隘的家族和个人利益，推动社会公平，改善了民众生活。

4. 塑造社会道德风尚

先秦廉洁文化通过强调个人的道德修养和社会的伦理规范，塑造了社会的道德风尚，提升了社会整体的道德水平。例如，孔子提

---

① 王贵声：《人类文化进化论》，中国言实出版社 2007 年版，第 191 页。

倡"仁""义""礼"，通过教育培养官员和百姓的道德品质，形成了重视道德修养的社会风气。其中，"礼"在中国乃是一个独特的概念，为其他民族所无，其他民族之"礼"一般不出礼俗、礼仪、礼貌的范围；而中国的"礼"则与政治、法律、宗教、思想、哲学、习俗、文学、艺术，乃至于经济、军事无不结为一个整体，为中国物质文化和精神文化之总名。① 凡此种种，无不彰显"礼"作为廉洁文化思想原则之一，对于社会道德风尚的引领、教化及导向功能。此外，庄子主张超然物外，追求精神自由，反对名利追逐，也在客观上塑造了清廉高洁的道德风尚。

5. 防范和遏制腐败

先秦廉洁文化通过强调节俭、反对奢侈浪费、推行严格的法律制度和道德规范，防范和遏制了官员的腐败行为。例如，商鞅在变法中推行了一系列法律改革措施，加强了对官员的监督和管理，减少了腐败现象。老子提倡"无为而治"，强调领导者应顺应自然、减少干预，避免因为过度干预而导致腐败。

6. 提供教育和道德榜样

先秦廉洁文化通过教育和道德榜样的示范作用，培养官员和百姓的廉洁意识，树立良好的社会榜样。例如，孔子创办私学，教授仁、义、礼、智、信等道德品质，期望通过教育培养出廉洁自律的官员。墨子本人过着十分简朴的生活，以身作则，成为其弟子和后世官员的廉洁榜样。

总之，先秦时期中华优秀传统廉洁文化在维护社会秩序、促进政治清明、提升民众生活质量、塑造社会道德风尚、防范和遏制腐

---

① 刘文勇：《先秦两汉魏晋南北朝文论讲疏》，巴蜀书社 2011 年版，第 37 页。

败、提供教育和道德榜样等方面发挥了重要功能。这些功能不仅在当时的社会中具有积极作用，对后世的廉政建设和社会发展也产生了深远影响。

二、秦汉：中华优秀传统廉洁文化的发展阶段

秦汉时期是指中国历史上秦朝和汉朝这两个朝代的统治时期，具体时间是从公元前 221 年秦朝建立开始，到公元 220 年汉朝灭亡结束。秦汉时期建立了中央集权制度，法制建设加强，儒家思想成为国家意识形态，强调官员的廉洁自律和道德修养，是中华优秀传统文化的发展阶段。

（一）秦汉时期中华优秀传统廉洁文化的概况

秦朝在统一六国后，推行书同文、车同轨、统一度量衡等措施，促进了文化的统一和社会的整合，奠定了中华文化一体化基础的同时，采用法家思想治国，实行严苛的法律制度，以巩固中央集权。秦始皇这一时期虽然短暂，但法家思想在国家治理中的应用，为后世提供了经验和教训。汉承秦制，同时汲取秦亡教训，采取儒家思想治国。汉武帝"罢黜百家，独尊儒术"，确立了儒家思想在国家治理中的主导地位。儒家伦理成为社会的道德规范，强调仁、义、礼、智、信等价值观，推动了社会的伦理建设。汉朝建立了较为完善的官僚制度，并注重官员选拔和考核，推行察举制和荐举制，强调廉洁自律和道德修养。此外，汉代注重文化建设，重视史学和文学的发展。司马迁的《史记》便是这一时期的重要文化成果，为后世提供了宝贵的历史资料。加之，秦汉时期先秦的各家思想逐渐被整合

为一个相对统一的思想体系，特别是儒家思想成为国家的官方意识形态，并通过立法和制度建设，规范官员行为，强调廉洁奉公。例如，汉代的"举孝廉"制度就是选拔廉洁官员的重要途径，对社会各个层面产生深远影响。

秦汉时期的思想和制度对后世的政治、经济、文化等各方面都产生了深远影响，成为中华文明的重要组成部分。秦汉时期，中华优秀传统廉洁文化思想的代表人物及其观点主要体现在以下方面：

1. **汲黯**

汲黯是西汉时期著名的忠臣，以不畏权势、敢言直谏和清正廉洁著称，是"门可罗雀"和"后来者居上"这两个成语的典故人物，被汉武帝誉为"社稷之臣"。

汲黯最为人称道的是他的直言敢谏精神。甚至在面对汉武帝时，他也常常毫不留情地批评朝政的不当之处，即使因此而得罪皇帝，也坚持不改初衷。例如，他曾对汉武帝兴建奢华宫殿，穷兵黩武的政策提出批评，认为奢靡的生活方式及铺张浪费的宫殿建设不利于国家的长治久安，过度的对外战争耗费国力，应减少浪费以及无谓的征伐。

汲黯认为官员应严格按照法律办事，不能因个人情感或上级的喜好而有所偏移。他曾对汉武帝的宠臣公孙贺等人的不法行为进行严厉批评，强调法律面前人人平等，不应因权贵而破坏法律的公正性。

汲黯从不因徇私情而枉法办事。他对官吏严格管理，强调公平公正，不允许任何人以权谋私。他还曾斥责那些在政治上阿谀奉承、贪图权势的官员，认为他们败坏了国家的政治风气，损害了官员的廉洁形象。

汲黯生活极为简朴，从不追求奢靡享受，极其重视民生，常常为百姓的疾苦向汉武帝进言。他认为国家的根基在民生的富足与稳定，官员的首要职责就是为百姓谋福祉。因此，他多次向汉武帝建议减少百姓徭役和赋税，减轻人民负担。他在河东太守任上时，实行了一系列惠民政策，深受百姓爱戴。

总之，汲黯直言敢谏、清正廉洁、关心民生等为政理念与事迹不仅为当时的朝堂带来了正气，也为后世官员树立了清廉奉公的榜样。

2. 萧何

萧何是汉朝的开国功臣之一，被誉为"汉初三杰"（张良、韩信、萧何）。他在担任丞相期间，以严谨的态度管理国家财务，注重节俭，力求减少国家的开支。他的廉洁自律为国家财政的稳定作出了重要贡献。萧何作为汉朝的开国功臣之一，以其廉洁自律和严谨的管理作风著称。他的廉洁思想和观点主要体现在以下几个方面：

第一，以身作则，倡导节俭。萧何在担任丞相期间，严格要求自己和家人保持节俭的生活作风。他以身作则，带头简朴生活，不奢侈浪费。这种作风不仅为官员们树立了榜样，也为国家节约了大量开支。例如，《史记·萧相国世家》记载："何治未央宫，功已毕，上以为贤，赐金五百斤。何悉以予佐军吏，曰：'吾与诸君治功尔，吾何敢独为哉'"，大意是萧何负责修建未央宫，工程完成后，皇帝认为他很贤能，赏赐给他五百斤黄金。萧何将这些黄金全部分给了协助他的官员们，说："我和你们一起完成了这项工程，我怎么敢独自享有这些奖励呢！"这一举动显示了萧何的廉洁和与同僚共荣的态度。

第二，注重财务管理，减少浪费。萧何在管理国家财政时，注重审查各项开支，力求减少浪费。他制定了严格的财务制度，确保每一笔开支都有明确的用途和监督。他的这些措施使得国家财政能够稳定运转，为汉朝的经济发展奠定了基础。例如，《汉书·萧何传》云："何为人深厚谨慎，不伐其功，不矜其能。奉法循理，廉平为治"，大意是萧何为人深沉厚道，谨慎小心，不夸耀自己的功劳，不自夸自己的才能。他遵守法律，按规矩办事，廉洁公正地治理国家。这段话概括了萧何的性格和治国理念，显示出他谨慎谦虚、廉洁奉公的精神。

第三，推行合理的税收政策。萧何主张制定合理的税收政策，减轻百姓的负担。他认为只有在确保民生的基础上，国家才能长治久安。因此，他努力推行轻徭薄赋的政策，鼓励农业生产，增加国家收入的同时也改善了人民的生活水平。

第四，任用贤能，杜绝贪腐。萧何重视人才的选拔和任用，强调廉洁奉公的重要性。他主张任用那些品德高尚、能力出众的人才，同时严厉打击贪污腐败行为，保持官场的清明廉洁。

第五，关心民生，体察民情。萧何在施政过程中，始终关心百姓的生活状况，体察民情。他经常派人下乡了解民众的实际困难，并及时采取措施解决问题。他的这种亲民作风赢得了百姓的爱戴和支持。例如，《汉书·高帝纪》记载："丞相萧何，劝课农桑，薄赋敛，禁苛暴，民以宁"，大意是丞相萧何，鼓励和推动农业生产，减少赋税，禁止苛政暴政，百姓因此得以安定。这段文字描述了萧何的施政方针，强调他注重民生、轻徭薄赋、减少苛政的治国理念。

第六，以德治国，重视道德教育。萧何主张以德治国，认为官员必须具备高尚的道德品质。他重视道德教育，强调官员不仅要有能力，更要有廉洁奉公的精神。他的这种理念对汉朝政治风气的形成产生了深远的影响。例如，《史记·高祖本纪》记载："高祖赐何金五百斤，何尽以予部吏曰：'共治功也'"，大意是高祖赏赐萧何五百斤黄金，萧何将这些黄金全部分给了下属官员们，说："这是我们共同完成的功劳。"这一行为体现了萧何的公正和对团队的重视，不贪功、不独享。

总之，萧何的廉洁思想和观点在《史记》和《汉书》中都有所记载。萧何的廉洁思想和观点在汉朝的建设中发挥了重要作用，使得国家财政稳定，社会风气清玥，为汉朝的长治久安奠定了坚实的基础。他的廉洁自律和高尚品德也成为后世官员学习的榜样。

3. 张良

张良作为汉朝的重要谋士，以智慧和廉洁著称。张良拒绝了许多不义之财，主张以德治国。他曾建议刘邦宽厚待人、与民休息，体现了他廉洁奉公、重视民生的理念。张良的廉洁思想和观点主要体现在以下几个方面：

第一，不贪功名，功成身退。张良在协助刘邦建立汉朝后，并未贪图高官厚禄，而是选择了功成身退，回归田园生活。他认为，功名利禄并不是人生的终极目标，保持内心的清净和平衡更为重要。这一思想体现了他对功名利禄的淡泊和对自身品德的重视。例如，《史记·留侯世家》记载："良曰：'始吾从沛公，得麾下士卒，传食三世，而侯封之家，皆灭，独良得保其宗族'"，大意是张良说："当初我跟随沛公（刘邦），得到的只是麾下士卒，靠着传食三世，而其他侯封之家都被灭族，唯独我得以保全宗族。"这段话体现了张良功成身退，保全自身和家族的智慧和决心。

第二，以德治国，倡导仁政。张良主张以德治国，强调仁爱和宽容。他建议刘邦宽厚待人，注重民生，减少对人民的压迫和剥削。

他认为，只有通过仁政，才能赢得民心，巩固统治基础。

第三，推荐贤能，广纳人才。张良善于发现和推荐人才，他曾多次向刘邦推荐贤能之士，帮助刘邦建立稳固的统治。他认为，国家的强大和繁荣依赖于贤能之士的辅佐，因此主张不拘一格用人才，广纳贤才。

第四，廉洁奉公，不徇私情。张良在仕途中，坚持廉洁奉公，从不以权谋私。他严于律己，不接受贿赂，也不徇私情。他的这种行为赢得了同僚和百姓的尊重，树立了良好的官员形象。

第五，崇尚简朴，反对奢靡。张良生活简朴，反对奢靡之风。他认为，官员应以身作则，带头过简朴的生活，以减少国家的财政负担，并树立良好的社会风气。

总之，张良的廉洁思想和观点体现在他对功名利禄的淡泊追求、对德政和仁爱的推崇、对贤能之士的重视、对廉洁奉公的坚持以及对简朴生活的崇尚等方面，这些思想不仅在汉初的社会发展中发挥了重要作用，也为后世官员树立了榜样。

4. 晁错

晁错是西汉时期的重要政治家，他在《论贵粟疏》中提出了以农为本、重视农业生产的主张，同时也表达了对官员廉洁自律的重要观点。晁错的廉洁思想和观点主要体现在以下方面：

第一，以农为本，重视农业。"天下之命悬于农桑，农桑废则国贫而民虚矣。"意思是天下的命运依赖于农业和桑蚕业，农业和桑蚕业如果被废弃，国家就会贫困，百姓就会困苦。晁错在《论贵粟疏》中强调农业生产的重要性，认为农业是国家经济的基础。他指出，国家的财富和人民的生活水平都依赖于农业的发展，因此必须大力推动农业生产，保障粮食供应。

第二，廉洁自律，反对奢靡。晁错主张官员应当廉洁自律，反对奢靡之风，"臣闻'奢者心常贫，俭者心常富'。今君主之费常不足，百官之家常有余，是以吏多窃取而百姓贫矣"，大意是我听说"奢侈的人心里总是贫穷，节俭的人心里总是富足"。现在君主的花费总是不足，而官员的家中常有富余，因而许多官员贪污，百姓因此贫困。这强调了官员的奢侈浪费不仅会增加国家的负担，还会对社会风气产生不良影响，导致民众仿效，进而影响整个社会的经济稳定。

第三，勤俭持家，减轻百姓负担。"故圣王之治天下也，必先除其奢侈之费，而务省其用也。"大意是圣明的君王治理天下，一定要先消除奢侈浪费的开支，而致力于减少不必要的花费。晁错认为官员应当勤俭持家，以减轻国家财政负担和百姓的赋税压力。他主张通过节俭来减少不必要的开支，从而使国家资源能够更有效地用于民生改善和国家建设。

第四，重视人才，注重德行。"臣愿陛下明选良吏，俾能治其职事，断以法度，而不以贵戚自扰也。"大意是希望陛下明智地选拔良好的官员，让他们能够胜任自己的职务，用法律和制度来治理国家，而不因为贵族亲戚的干扰而失职。晁错认为，国家要强盛必须任用德才兼备的人才。他强调官员的德行和能力，认为廉洁自律是官员应具备的基本素质之一。

第五，关心民生，体察民情。"夫农，天下之本也。粟者，民之所仰以生也。今一岁之收，能使吏得禄，兵得资，民无冻馁，此粟之贵也。"大意是农业是天下的根本，粮食是民众赖以生存的东西。如果一年丰收，就能使官吏有俸禄，军队有资助，百姓不至于挨饿受冻，这就是粮食的重要性。晁错提倡官员应当关心百姓的生活，体察民情。他主张减轻百姓的赋税和徭役，以提高百姓的生活水平，使国家长治久安。

晁错的廉洁思想和观点主要体现在他对农业生产的重视、对官员廉洁自律的强调、对奢靡之风的反对、对勤俭持家的提倡以及对百姓生活的关心上，这些思想不仅在当时为国家的治理提供了重要指导，也为后世的廉洁政治树立了榜样。

总之，秦汉时期廉洁思想的实践，奠定了秦汉时期廉洁文化的基石，对后世官员的行为规范产生了深远影响。他们强调的以法治国、以德治国，倡导的廉洁自律、勤政爱民，成为中华优秀传统廉洁文化的重要组成部分。

（二）秦汉时期中华优秀传统廉洁文化的特点

宏伟阔大是秦汉文化精神的主旋律。[①] 韩非子总结了商鞅、慎到、申不害等法家代表人物的思想，又吸收改造了老子的道家思想；黄老之学以道家思想为主题，吸收了各家的思想；董仲舒继承了孔子、孟子、荀子等人的儒家思想，又融合了阴阳五行、法家、道家思想，形成了新的儒学体系，可见秦汉文化是融合、吸收的结果。[②] 秦汉时期廉洁文化的形成和发展是融合吸收多方面因素共同作用的结果，包括中央集权体制的需要、社会经济发展的推动、儒家思想的影响、政治稳定的需要以及历史典范的树立等。与之相对应的是，这些因素共同促进了廉洁文化的建立和推广，并形成了秦汉时期中华优秀传统廉洁文化的阶段性特点。秦汉时期的中华优秀传统廉洁

---

① 龚贤：《中国文化导论》，九州出版社 2018 年版，第 95 页。
② 史新国：《文镜》，团结出版社 2013 年版，第 11 页。

文化具有以下几个显著的特点：

第一，重视德行，倡导廉洁。秦汉时期，德行被视为官员的重要品质，廉洁自律是为官的基本要求。无论是选拔人才还是考核官员，德行和廉洁都被放在首要位置。例如，张良、萧何等人以其高尚的道德和廉洁自律为人称道，他们的行为规范了官员的道德标准，形成了重德尚廉的文化氛围。

第二，以民为本，注重民生。廉洁文化强调官员应以百姓的福祉为重，关心民生疾苦，减轻百姓的负担。例如，萧何在管理国家财政时，注重节俭开支，减轻百姓赋税；晁错在《论贵粟疏》中提出以农为本，反对奢侈浪费，强调官员应勤俭持家，减轻百姓负担。

第三，推崇节俭，反对奢靡。秦汉时期，节俭被视为美德，奢靡则被严厉批判。官员们被要求过简朴的生活，以减少国家开支和避免社会风气恶化。例如，张良以其简朴的生活方式和淡泊名利的态度树立了良好的榜样，晁错则在《论贵粟疏》中明确反对奢侈浪费。

第四，依法治国，公正廉明。秦汉时期的廉洁文化还体现在依法治国，要求官员公正廉明，秉公办事。秦始皇统一六国后，推行法家思想，加强法制建设，严厉打击贪污腐败行为。汉朝初期，继承了这一传统，通过法律和制度约束官员的行为，确保国家的廉洁高效。

第五，选贤任能，广纳人才。廉洁文化也体现为对贤能之士的重视和任用，不拘一格用人才。秦汉时期的统治者认识到人才的重要性，广纳贤才，如李斯在《谏逐客书》中强调了任用贤才的重要性，反对因出身背景而排斥人才。

第六，倡导诚信，注重信誉。廉洁文化强调诚信，官员要讲信用，守信义。例如，萧何在处理国家事务时，以诚待人，注重信义，使得他在官场和民间都赢得了良好的声誉。

总之，秦汉时期的廉洁文化通过重德行、重民生、推崇节俭、依法治国、选贤任能和倡导诚信等方面，形成了系统的廉政思想体系，不仅在当时为国家的治理和社会的稳定提供了保障，也为后世的廉政建设树立了榜样，成为中华优秀传统文化的重要组成部分。

（三）秦汉时期中华优秀传统廉洁文化的功能

秦汉时期的廉洁文化在维护社会稳定、促进经济发展、提升官员素质、增强国家凝聚力、推动社会风气改善、保障法治实施和提高行政效率等方面发挥了重要作用，主要体现在以下几个方面：首先，通过严惩贪官污吏，保障了社会的秩序，减少了社会矛盾和动荡，维护了社会的稳定。例如，汉文帝在位期间，提倡节俭，反对奢侈浪费，减少徭役和赋税，鼓励百姓生产，致力于恢复和发展农业生产。由于政策得当，社会安定，民众安居乐业，汉朝初期迎来了"文景之治"的盛世。同时，秦汉时期提倡节俭，反对奢侈浪费，减少了国家和社会的资源浪费。注重农业生产，减轻百姓的赋税负担，使得人民能够专注于生产和生活，提高了经济效率，促进了经济的发展。例如，晁错在《论贵粟疏》中提出以农为本的政策，强调农业的重要性，反对奢靡之风，主张减少不必要的开支和浪费，集中精力发展农业生产。这些措施有效地推动了农业的发展，提高了国家的经济水平，减轻了百姓的负担。其次，通过重视德行和廉洁的选官标准，提高了官员的整体素质。例如，萧何作为汉初的丞相，以廉洁自律、严谨治事著称。他严格管理国家财政，注重节俭，不以权谋私，以身作则，为官员树立了良好的榜样，提升了官员的整体素质和行政效率。再次，以民为本，关心民生，减轻百姓负担，得到了人民的拥护和支持。例如，张良作为刘邦的重要谋士，主张以德治国，倡导仁政。他建议刘邦宽厚待人，重视民生，减少对百姓的压迫和剥削。这种政策赢得了民心，增强了国家的凝聚力，使得刘邦能够稳定统治，巩固了汉朝的基础。最后，提倡节俭和诚信，反对奢靡和腐败，对社会风气产生了积极影响。官员的廉洁自律为社会树立了榜样，倡导了正直、诚实、节俭的价值观，有助于社会道德水平的提升。例如，汉文帝以简朴的生活方式著称，他不修宫室，不用奢华器物，服饰简单，生活节俭。他的这种作风不仅节省了国家的开支，还在全国范围内倡导了节俭的社会风气，减少了社会的奢侈之风。此外，秦始皇统一六国后，推行法家思想，加强法制建设，制定了一系列严明的法律。通过这些法律，秦始皇加强了对官员的监督和管理，严厉打击贪污腐败行为，保障了国家政令畅通，社会秩序稳定。总之，秦汉时期的廉洁文化不仅对当时的国家治理产生了积极影响，也为后世的廉政建设提供了宝贵的经验和借鉴。

三、魏晋南北朝：中华优秀传统廉洁文化的转型与深化阶段

从两汉到魏、晋，是中国文化的一个转关，其要点在于破除古代的迷信，而从事于哲理的研究。① 加之，魏晋南北朝时期，是中国历史上的一个分裂与动荡的时代，具体时间从公元 220 年到公元 589

---

① 吕思勉：《中国简史》，民主与建设出版社 2023 年版，第 114 页。

年，政治动荡，士人阶层的清高风尚和精神独立得以突出，出现了一批以廉洁自律著称的官员和文人，儒释道三教合流，是中华优秀传统廉洁文化的转型与深化阶段。时代条件不仅使得魏晋南北朝时期各类人才辈出，而且促使学术思想界儒、玄、墨、名、法、纵横、佛、道、法，以至兵家都因时而出，形成了我国历史上第二个百家争鸣的时代。① 因此，魏晋南北朝成为中华优秀传统廉洁文化的转型与深化阶段。

（一）魏晋南北朝时期中华优秀传统廉洁文化的概况

魏晋南北朝时期是中国历史上的一个动荡与分裂的时代，但同时也是思想文化多样化和迅速发展的时期。尽管社会动荡，廉洁文化依然在这一时期有所表现和发展。一方面，魏晋南北朝时期，儒家思想仍然是社会主流，廉洁自律作为官员的重要德行被广泛强调和推崇。许多官员以廉洁奉公为荣，力求在动荡的局势中保持自身的清廉，出现了许多廉洁官员的典范，他们的事迹至今仍被传颂。例如，东晋名臣谢安以其廉洁自律和卓越的治国才能赢得了广泛的尊重，面对敌军入侵时他沉着冷静，平时生活简朴，不贪图私利，是东晋官场的廉洁典范。另一方面，魏晋南北朝时期，政权更替频繁，社会秩序不稳，官场腐败现象时有发生。然而，正是在这样的环境下，一些有识之士更加注重自身的廉洁修养，以此保持道德高地和社会声望。这种逆境中的廉洁精神，成为动荡时代的一种宝贵精神财富，使得在这一时期的文人士大夫群体中，廉洁观念得到了

---

① 朱大渭：《群雄纷争　频繁更迭：朱大渭说魏晋南北朝》，生活·读书·新知三联书店 2018 年版，第 199 页。

进一步发展：他们追求清高自守，讲求气节和操守，拒绝与污浊的政治环境同流合污；廉洁观念不仅体现在他们的生活方式和行为规范中，也反映在他们的文学创作和哲学思想中。此外，魏晋南北朝时期，佛教和道教在中国广泛传播，宗教教义中关于清心寡欲、戒贪戒欲的思想，对社会廉洁文化产生了积极影响。许多士人和官员受到宗教思想的影响，追求心灵的净化和生活的简朴，进一步推动了廉洁文化的发展。因此，尽管这一时期社会动荡不安，但一些地方政府和官员仍然努力推行廉洁政风，减少民众负担。例如，作为著名的书法家和官员的王羲之，不仅在艺术上有卓越成就，在仕途上也以廉洁自律、为民着想而受到赞誉。陶渊明虽然因厌倦官场腐败而隐居，但他"归去来兮"的精神，体现了对廉洁生活和高尚品德的追求，影响深远。

总之，魏晋南北朝时期的廉洁文化在社会动荡的背景下，表现出独特的特点和价值。尽管官场腐败问题严重，但一些官员和士人通过自身的行为和思想，践行和传播着廉洁自律的精神，为后世留下了宝贵的精神遗产。这一时期的廉洁文化不仅是对个人品德的要求，也是对社会治理的理想追求。

（二）魏晋南北朝时期中华优秀传统廉洁文化的特点

魏晋南北朝时期的中华优秀传统廉洁文化在动荡的社会背景下展现出独特的特点，包括重视道德修养、崇尚清高、简朴生活、宗教影响、个人典范、思想独立以及文学艺术中的廉洁精神，不仅在当时对社会风气产生了积极影响，也为后世的廉洁文化提供了宝贵的精神遗产。魏晋南北朝时期的中华优秀传统廉洁文化具有以下几个独特的特点：

第一，以德治国，重视道德修养。在魏晋南北朝时期，尽管政治动荡，社会各界仍然重视官员的德行和廉洁。士大夫阶层特别强调道德修养，倡导以德治国。儒家思想中的廉洁自律被视为官员的重要品质，强调官员应具备高尚的道德和正直的品格。例如，嵇康是"竹林七贤"之一，以高洁傲岸的品格著称。他拒绝仕途，不愿与腐败的官场同流合污，宁愿隐居山林，过着清高独立的生活。嵇康的行为体现了士人追求个人道德修养和高尚情操的风尚。

第二，崇尚清高，讲求气节。这一时期，文人士大夫群体中普遍存在着崇尚清高、讲求气节的风尚。许多士人以保持独立人格和清廉操守为荣，拒绝与腐败的政治环境同流合污。例如，"竹林七贤"中的嵇康和阮籍，他们追求清高的生活方式，成为廉洁文化的象征。

第三，简朴生活，反对奢靡。简朴生活是魏晋南北朝时期廉洁文化的一个重要特点。许多官员和士人倡导节俭，反对奢侈浪费。谢安作为东晋名臣，他以简朴的生活方式和廉洁自律的行为树立了榜样，反映了这一时期社会对简朴生活的推崇。

第四，宗教影响，清心寡欲。宗教神学的勃兴成为魏晋南北朝时期文化思想的特征之一。魏晋南北朝时期，佛教和道教广泛传播，对廉洁文化产生了深远影响。佛教提倡戒贪戒欲，追求心灵上的净化；道教提倡清心寡欲，自然简朴。这些宗教思想对士人和官员的生活方式和价值观产生了重要影响，推动了廉洁文化的发展。例如，陶渊明受到道教思想的影响，提倡清心寡欲，强调精神上的自由和纯净，后因厌倦官场腐败而选择归隐田园，追求自然简朴的生活，成为后世廉洁文化的典范。

第五，个人典范，树立榜样。这一时期出现了许多廉洁自律的个人典范，他们的事迹和精神被广为传颂。例如，谢安和王羲之以其廉洁自律、正直无私的行为成为社会的楷模。他们通过个人的言行影响社会风气，树立了廉洁文化的榜样。

第六，思想独立，拒绝随波逐流。魏晋时期的士大夫强调思想独立，不愿随波逐流。他们崇尚精神自由，拒绝盲从腐败的政治环境。例如，阮籍作为"竹林七贤"之一，以放荡不羁、特立独行的性格闻名。在动荡的政治环境中，阮籍保持思想独立，不随波逐流，拒绝参与腐败的政治事务，追求个人精神的自由和清高。

第七，文学与艺术中的廉洁精神。廉洁文化不仅体现在政治和社会生活中，也体现在文学和艺术创作中。许多文人通过诗歌、书法和绘画表达对廉洁生活的向往和对腐败的批判。陶渊明的田园诗、王羲之的书法作品都反映了这一时期廉洁文化的精神内涵。王羲之不仅是著名的书法家，还是一位廉洁自律的官员。他在书法作品中表达了对自然和清净生活的热爱，追求心灵的净化和道德的提升。王羲之的廉洁精神和艺术成就相辅相成，成为后世尊崇的榜样。

总之，魏晋南北朝时期的嵇康和阮籍的高洁傲岸、谢安的简朴生活、陶渊明的清心寡欲、王羲之的廉洁自律以及范缜的刚正不阿，都是这一时期廉洁文化的生动体现。这些人物的行为和思想不仅在当时产生了深远影响，也为后世提供了宝贵的精神财富。

（三）魏晋南北朝时期中华优秀传统廉洁文化的功能

魏晋南北朝时期的中华优秀传统廉洁文化在社会和政治生活中发挥了重要功能，尽管这一时期社会动荡、政权更迭频繁，但廉洁文化仍然在某些方面发挥了积极作用。首先，魏晋南北朝时期的廉洁文化通过树立官员的道德榜样，减少官员贪腐行为，有助于减轻社会矛盾，维护社会秩序。例如，谢安在东晋时期以廉洁自律和高尚的品德赢得了广泛的尊敬。他在官场中保持清廉，不贪图私利，生活简朴。他的廉洁行为使得他能够公正地处理政务，稳定了东晋政局。谢安在淝水之战中的表现不仅展示了他的军事才能，也体现了他的廉洁风范，有助于东晋的社会稳定。其次，强调官员的道德修养和廉洁自律，有助于提高官员的整体素质，形成廉洁从政的风气。例如，嵇康是"竹林七贤"之一，以高洁傲岸的品格著称。他拒绝仕途，不愿与腐败的官场同流合污，选择隐居山林，追求清高独立的生活。嵇康的行为和思想对当时和后来的官员产生了深远影响，树立了追求高尚品德和廉洁自律的榜样，提高了官员的整体素质。而陶渊明则因厌倦官场腐败而选择归隐田园，追求自然简朴的生活，对当时社会风气的改善起到了积极作用，倡导了一种远离奢靡、追求简朴的生活方式。最后，廉洁官员通过公正廉明的执政，能够赢得民心。例如，范缜是南朝著名的思想家和官员，以刚正不阿、廉洁自律著称。在担任官职期间，范缜严格要求自己，不贪图私利，以身作则。他的行为赢得了同僚和百姓的尊敬，增强了官民之间的信任和凝聚力，有助于国家的稳定和团结。同时，这一时期政治清明的统治者打击腐败，反对徇私枉法等改革做法，也有助于维护当时的社会公平正义。例如，北魏孝文帝推行了一系列改革措施，打击贪污腐败，加强了对官员的监督，净化了官场生态，推动了北魏的繁荣和发展。总之，魏晋南北朝时期的中华优秀传统廉洁文化在维护社会稳定、推动社会风气改善等方面发挥了重要作用，也为后世提供了宝贵的经验和借鉴。

四、隋唐：中华优秀传统廉洁文化的完善与高峰阶段

隋唐时期指的是中国历史上的隋朝和唐朝这两个朝代的统治时期，具体时间从公元 581 年隋朝建立开始，到公元 907 年唐朝灭亡结束，历时约 326 年。这一时期制度建设进一步完善，监察制度和法律体系得到强化，科举制度的实施提高了官员选拔的公平性，文化繁荣推动了廉洁文化的发展，是中华优秀传统廉洁文化的完善与高峰阶段。

（一）隋唐时期中华优秀传统廉洁文化的概况

隋唐时期是中国历史上的一个重要时期，经济、文化和政治都达到了新的高度。廉洁文化在这一时期同样得到重视和发展。隋唐时期，国家注重通过制度和法律来规范官员行为，防止腐败。例如，隋朝建立了三省六部制，唐朝在此基础上进一步完善了官僚体系，对官员的选拔、任用和考核进行了严格规范。唐朝的"贞观之治"和"开元盛世"时期，特别重视官员廉洁，以保证政府的高效运转和社会的安定。同时，重视官员德行，选拔贤能。例如，唐朝特别重视官员的德行和廉洁，注重从道德品行优秀的人中选拔官员。唐太宗李世民在"贞观之治"期间，推行了许多廉政措施，强调官员必须廉洁自律，反对贪污腐败。他对官员的选拔非常慎重，任人唯贤，提倡清廉为政。例如，房玄龄和杜如晦是唐太宗的重要谋士，他们以廉洁奉公、勤政为民著称。他们的廉洁和高效工作为唐太宗奠定了"贞观之治"的基础，成为当时官员学习的楷模。

隋唐时期的法制建设较为完备，对贪污腐败行为进行了严厉打击。隋朝开创了科举制度，通过公开考试选拔官员，减少了任人唯亲和贿赂现象。唐朝继承和发展了这一制度，形成了一套相对完善的官僚选拔和监督机制。例如，唐太宗时期，实施了《贞观律》，对贪污受贿等行为进行了详细规定和严厉处罚。法律的严格执行，有效遏制了官员腐败现象，维护了官场的廉洁。同时，官员自律与社会监督相结合的廉洁文化逐渐形成。通过奏章、监察和考课等手段，官员的行为得到了有效监督。此外，社会舆论也起到了重要作用，许多文人通过诗文揭露官场腐败，推动社会廉洁风气的形成。例如，狄仁杰是武则天时期的著名官员，以廉洁公正、为民请命著称。他在任期间，不仅自己廉洁自律，还敢于揭露和打击腐败，赢得了百姓的尊敬和信任。

隋唐时期的文学作品对廉洁文化也起到了重要的宣传作用。许多诗人和文学家通过作品揭露社会的不公和腐败，倡导清廉为政，改善了社会风气。例如，杜甫的诗歌中多次揭露官场腐败和社会不公，呼吁官员廉洁自律、关心百姓疾苦。他的作品对当时和后世的廉洁文化产生了深远影响。总之，隋唐时期的中华优秀传统廉洁文化通过强调官员德行、完善法制建设、加强官员自律与社会监督以及文学作品的影响，形成了一个较为完备的廉洁文化体系。这一时期的廉洁文化不仅在当时为国家的治理和社会的稳定作出了重要贡献，也为后世提供了宝贵的经验和借鉴。

（二）隋唐时期中华优秀传统廉洁文化的特点

隋唐时期的中华优秀传统廉洁文化通过完善的法制体系、重视官员德行、实施科举制度、完善监察制度、依靠社会舆论监督以及倡导节俭反对奢靡等特点，形成了一个相对完整的廉洁文化体系，不仅在当时对国家治理和社会稳定产生了积极影响，也为后世的廉政建设提供了宝贵的经验和借鉴。隋唐时期的中华优秀传统廉洁文化具有以下几个显著的特点：

第一，完善的法制体系。隋唐时期通过一系列法律和制度，严格规范官员的行为，遏制腐败。特别是唐朝的《贞观律》和《唐律疏议》，对贪污受贿、滥用职权等行为做出了详细规定和严厉处罚。例如，通过明确的法律条文，对官员行为进行详细规定，防止贪污腐败；对于违法行为，法律规定了严厉的处罚措施，起到了强有力的威慑作用。

第二，重视官员德行。隋唐时期，选拔官员非常重视其德行和廉洁。官员的品行被视为重要的考核标准，强调德才兼备。例如，官员的道德修养和廉洁自律被视为首要条件，只有品行端正的人才能获得重用。同时，通过树立清廉官员的典范，激励更多官员追求廉洁自律。

第三，科举制度的实施。隋唐时期，科举制度在一定程度上减少了任人唯亲和权钱交易现象，通过公开考试选拔官员，提高了官员的素质和廉洁性。例如，科举考试通过公开、公平的选拔方式，保证了选拔过程的透明性和公正性，减少了任人唯亲和买官卖官的现象，提高了官员的廉洁度。

第四，监察制度的完善。隋唐时期建立了完善的监察制度，设立御史台和监察御史，对官员进行监督和考核，及时纠正和惩处贪污腐败行为。例如，御史台等机构，对各级官员进行了全方位的监督，对贪污腐败行为进行了严厉打击，维护了官场的廉洁。

第五，社会舆论的监督。隋唐时期，社会舆论对官员的行为进行监督。许多文人通过诗文揭露腐败现象，呼吁廉洁自律，推动了社会风气的改善。例如，文人通过文学作品和社会舆论，对官员行为进行监督，揭露腐败现象对官员行为形成压力，促使其廉洁从政。

第六，重视节俭，反对奢靡。隋唐时期提倡节俭，反对奢靡之风，许多皇帝和官员以身作则，保持简朴的生活作风，树立了良好的社会风尚。例如，唐太宗李世民在"贞观之治"期间，推行了一系列廉政措施，强调官员必须廉洁自律，反对贪污腐败。唐太宗以身作则，生活简朴，成为官员的表率。狄仁杰以廉洁公正、为民请命著称，在任期间，他不仅廉洁自律，还敢于揭露和打击腐败，赢得百姓的尊敬和信任。杜甫在诗歌中多次揭露官场腐败和社会不公，呼吁官员廉洁自律、关心百姓疾苦，他的作品对当时和后世的廉洁文化产生了深远影响。

（三）隋唐时期中华优秀传统廉洁文化的功能

隋唐时期的中华优秀传统廉洁文化在当时社会中发挥了重要的功能，主要体现在维护社会稳定、提高行政效率、提升官员素质、推动社会风气改善、增强国家凝聚力、保障法律实施、激励文人创作、传播廉洁思想等方面。首先，隋唐时期的廉洁文化通过减少贪污腐败行为，减轻了百姓负担，促进了社会的稳定和发展。例如，唐太宗李世民通过严格的廉政措施和法律，遏制了官员的贪腐行为，减轻了百姓的赋税负担，维护了社会的稳定。其次，科举制度通过公开考试选拔官员，减少了任人唯亲和买官卖官的现象，保证了官员的素质和廉洁度，从而提高了行政效率。再次，强调官员的道德修养和廉洁自律，有助于提高官员的整体素质，形成廉洁从政的风气。例如，唐代名相房玄龄和杜如晦以其廉洁奉公、勤政为民的行为树立了良好的榜样，激励了更多官员追求廉洁自律。例如，唐太宗时期，许多廉洁官员的勤政爱民行为赢得了百姓的尊敬和信任。最后，唐朝《唐律疏议》等的实施，对官员的行为进行了详细规定和严厉处罚，严格执行法律，有效遏制了贪污腐败行为，保障了法治的实施，并对这一时期的文学创作产生了积极影响，许多文人通过作品揭露官场腐败，倡导廉洁自律，传播了廉洁精神。例如，杜甫的诗歌揭露了官场腐败和社会不公，呼吁官员廉洁自律，关心百姓疾苦，对社会风气的改善和廉洁精神的传播起到了积极作用。

总之，隋唐时期的中华优秀传统廉洁文化在推动社会风气改善以及激励文人创作等方面发挥了重要的功能，不仅对当时产生了积极影响，也为后世提供了宝贵的经验和借鉴。

五、宋元：中华优秀传统廉洁文化的多元发展阶段

宋元时期具体时间从 960 年北宋建立开始，到 1368 年元朝灭亡结束，历时约 408 年，科举制度继续发展，理学家的教育思想对官员道德修养的重视进一步加强，法律制度和监察体系更加严密，文人和社会舆论对官员行为进行监督，推动廉洁文化的传播。因此，宋元时期是中华优秀传统廉洁文化的多元发展阶段。

（一）宋元时期中华优秀传统廉洁文化的概况

宋元时期是中国封建社会进一步繁荣的时期，也是中国封建文化高度繁荣的阶段，在科学技术方面有突出发展，水平处于世界领先地位，使中国古代文化达到高度繁荣，对欧亚等世界文明的发展

产生了重要影响。① 因此，作为中国历史上的一个重要时期，宋元时期的经济、文化、科技都得到了高度发展，廉洁文化也在这一时期得到了延续和发展。总体而言，宋元时期中华优秀传统廉洁文化的主要表现在以下几个方面：

第一，重视官员廉洁。宋元时期，国家非常重视官员的廉洁行为，并通过法律和制度对官员进行严格的监督和约束。例如，宋朝建立了严格的监察制度，设立谏院、台谏等监察机构，对官员的行为进行监督。元朝也设立了御史台，对官员进行监察和考核，严厉打击贪污腐败行为。

第二，强调德行和教育。宋元时期，官员的道德修养和教育水平被视为重要的选拔标准，廉洁自律成为官员的重要品德。例如，宋朝实行科举制度，通过科举考试选拔德才兼备的官员，注重考察考生的道德品行和学识。朱熹等理学家的教育思想也强调道德修养和廉洁自律，对官员产生了深远影响。

第三，完善的法律制度。宋元时期，法律制度得到了进一步完善，对贪污腐败行为进行了详细规定和严厉处罚。例如，宋朝的《庆历新政》和《元丰改制》等改革措施，进一步完善了法律制度，严惩贪污腐败。元朝的《大元大典》对官员的行为进行了详细规定，制定了严格的惩罚措施。

第四，推动廉洁文化的传播。宋元时期，文人和官员通过诗文和实际行动宣传廉洁文化，推动了社会风气的改善。例如，范仲淹、包拯等宋代官员以廉洁自律、勤政为民著称，他们的事迹被广泛传

---

① 宋长友、肖厚建：《中国历史（上）》，东北师范大学出版社 2009 年版，第180 页。

颂，成为廉洁文化的典范。元代的廉洁官员如廉希宪等，也通过实际行动和文学创作，宣传廉洁文化，改善社会风气。

第五，社会舆论的监督。宋元时期，社会舆论对官员的行为进行监督，文人通过诗文揭露官场腐败，呼吁廉洁自律。例如，苏轼、陆游等宋代文人通过诗文揭露社会不公和官场腐败，呼吁官员廉洁自律，关心民生。元代的关汉卿、马致远等剧作家，通过杂剧等形式揭露官场腐败，倡导廉洁从政。

第六，提倡节俭，反对奢靡。宋元时期提倡节俭，反对奢侈浪费，许多官员以身作则，保持简朴的生活作风，树立了良好的社会风尚。例如，宋朝的包拯、范仲淹等官员以其简朴的生活方式和廉洁自律的行为树立了榜样，赢得了百姓的尊敬。元朝的廉希宪以廉洁奉公、生活简朴著称，成为廉洁官员的典范。

总之，宋元时期的中华优秀传统廉洁文化通过重视官员廉洁、强调德行和教育、完善的法律制度、推动廉洁文化的传播、依靠社会舆论监督以及提倡节俭反对奢靡等方面，形成了一个较为完善的廉洁文化体系。这一时期的廉洁文化不仅在当时对国家的治理和社会的稳定产生了积极影响，也为后世的廉洁建设提供了宝贵的经验和借鉴。

（二）宋元时期中华优秀传统廉洁文化的特点

宋元时期中华优秀传统廉洁文化发展至一个全新的时期并呈现出新的特点。整体而言，宋元时期的中华优秀传统廉洁文化通过强化监察制度、重视德行教育、法律规范严明、提倡节俭反对奢靡、文人和社会舆论监督以及实行科举选拔贤能等，形成了一个较为完善的廉洁文化体系。宋元时期的中华优秀传统廉洁文化的特点主要表现在以下几个方面：

第一，宋元时期进一步完善了监察制度，建立了多层次的监察体系。例如，宋朝设立了谏院、台谏等监察机构，官员可以通过弹劾机制举报同僚的不法行为；元朝设立了御史台，负责监督各级官员的廉洁情况，并进行定期考核和审查。宋元时期非常重视官员的道德修养和廉洁教育，通过科举考试和日常教育来培养官员的廉洁意识和道德品质。例如，宋代理学家朱熹的教育思想强调官员的道德修养，主张通过教育提升官员的廉洁自律。例如，《朱子家训》中提出："苟能求是，则心得道；苟或不求，则失学矣"，强调学习的目的是求得真理和道德提升，而不是为了应付考试或获取功名。朱熹的教育思想不仅强调知识的获取，更注重道德修养和个人品德的培养。他主张通过系统的学习和深思熟虑，提升个人的道德素质和行为规范。对于官员而言，朱熹的思想鼓励他们在学习过程中养成廉洁自律的品德，通过内化经典中的道德理念，规范自己的行为，以达到廉洁奉公、正直无私的境界。例如，《四书章句集注》中提出："知之真切笃实处即是行，行之明觉精察处即是知。知行工夫，原是一般，亦无彼此先后也。"这种教育思想对于培养廉洁自律的官员、营造廉洁从政的风气具有深远的影响。

第二，宋元时期制定了详细的法律条文，对官员的行为进行了严格规范，并设立了严厉的处罚措施来打击贪污腐败行为。例如，宋朝《庆历新政》和《元丰改制》等改革措施，进一步完善了法律制度，严惩贪污腐败。元朝《大元大典》对官员行为进行了详细规定，制定了严格的惩罚措施。同时，提倡节俭，反对奢侈浪费，许多官员以身作则，保持简朴的生活作风，树立了良好的社会风尚。例如，宋代官员包拯以清廉正直、生活简朴著称，他的廉洁精神成为后世效仿的榜样。元代的廉希宪也以廉洁奉公、生活简朴著称，成为廉洁官员的典范。

第三，宋元时期的廉洁文化还反映在文人和社会舆论对官员的行为进行监督，通过诗文和戏剧揭露官场腐败，推动廉洁文化的传播。例如，宋代文人苏轼、陆游等通过诗文揭露社会不公和官场腐败，呼吁官员廉洁自律，关心民生。元代剧作家关汉卿、马致远等通过杂剧形式揭露官场腐败，倡导廉洁为政。

第四，宋元时期的科举制度在选拔官员时注重德才兼备，通过公开考试选拔贤能，减少了任人唯亲和买官卖官的现象。例如，宋朝通过科举制度选拔了一大批廉洁奉公的官员，如范仲淹、包拯等，他们的廉洁行为对当时和后世都产生了深远的影响。

总之，宋元时期的中华优秀传统廉洁文化通过多个方面的制度和文化建设，形成了一个较为完善的廉洁文化体系，不仅在当时对国家的治理和社会的稳定产生了积极影响，也为后世的廉洁建设提供了宝贵的经验和借鉴。

（三）宋元时期中华优秀传统廉洁文化的功能

宋元时期的中华优秀传统廉洁文化通过维护社会稳定、提高行政效率、提升官员素质、推动社会风气改善、增强国家凝聚力、保障法治实施以及激励文人创作等方面，发挥了重要的功能，不仅对当时的社会治理和国家建设产生了积极影响，也为后世提供了宝贵的经验和借鉴。首先，宋元时期的廉洁文化通过减少贪污腐败行为，减轻百姓负担，有助于维护社会的公平正义，从而促进社会的稳定。例如，宋代官员包拯以廉洁正直、为民请命著称。他在任期间严格执法，打击贪污腐败，维护了社会的公平正义，赢得了百姓的尊敬和爱戴，起到了维护社会稳定的作用。其次，宋代的科举制度通过公开考试选拔官员，减少了任人唯亲和买官卖官的现象，保证了官员的素质和廉洁度。同时，强调官员的道德修养和廉洁自律，有助于提高官员的整体素质。例如，朱熹的《朱子家训》和《四书章句集注》都强调了道德修养的重要性，对培养廉洁自律的官员和营造廉洁从政的风气具有深远影响。例如，宋代官员包拯、元代官员廉希宪等，这些廉洁官员的事迹和行为对社会风气的改善起到了积极作用。最后，宋朝《庆历新政》和《元丰改制》等改革措施，进一步完善了法律制度，严惩了贪污腐败；元朝《大元大典》对官员行为进行了详细规定，制定了严格的惩罚措施反腐肃贪。与此同时，文学创作也产生了积极影响，许多文人通过文学作品揭露官场腐败，倡导廉洁自律，传播了廉洁精神。

总之，宋元时期的中华优秀传统廉洁文化通过强化监察制度、重视德行教育、严格法律规范、提倡节俭反对奢靡、依靠文人和社会舆论监督以及实行科举选拔贤能等措施，有效维护了社会稳定，提升了官员素质，改善了社会风气，为后世的廉洁建设提供了宝贵的经验和借鉴。

六、明清：中华优秀传统廉洁文化的巩固与收缩阶段

明清时期是指中国历史上的明朝和清朝这两个朝代的统治时期，具体时间从 1368 年明朝建立开始，到 1912 年清朝灭亡结束，历时 544 年。明清两代处于中国封建社会的末期，虽然明初朱元璋建立了一整套用人制度，标志着中国封建社会后期官僚制度的重要发展，

但是从总的方面讲，封建吏治已是穷途末路。①

明清时期是中国传统文化发展盛极而衰，最后又开始转型的时代②，是中国封建社会的最后阶段，也是封建官场中最为腐败的朝代，明中叶以后，吏治大坏，政以贿成③。然而，不可否认，社会、经济、文化和政治经历重大变化和发展的同时，为了进一步加强封建制国家的中央集权控制，明清时期也在继续完善科举制度和监察体系，强调官员廉洁自律，反贪倡廉，也出现了一些以廉洁著称的官员。因此，明清时期是中华优秀传统廉洁文化的巩固与实践阶段，同时也是收缩阶段。

（一） 明清时期中华优秀传统廉洁文化的概况

明清时期的中华优秀传统廉洁文化在严格的法律与监察制度、强调德行教育、提倡节俭反对奢靡、社会舆论和文人监督、注重实效和惩治腐败等方面表现突出，不仅在当时维护了社会的稳定和政治的清明，也为后世提供了宝贵的廉洁文化经验。

首先，明清时期建立了严格的法律和监察制度，对官员的行为进行监督和约束。例如，明朝设立了都察院，负责对官员进行监察，并且制定了《大明律》，对贪污腐败行为进行严厉打击。清朝则延续并完善了明朝的监察制度，设立了御史台，对官员进行监督，并制定了《大清律例》以规范官员行为。其次，通过学校教育和科举考试，培养官员的廉洁意识。例如，明朝通过设立太学和地方学堂，

---

① 楚刃、李翔德：《中国用人史》，吉林人民出版社 1989 年版，第 311 页。

② 务闻、李东娜：《中国传统文化概论》，首都经济贸易大学出版社 2009 年版，第 10 页。

③ 方宝璋：《中国审计史稿》，福建人民出版社 2006 年版，第 283 页。

推行儒家经典教育，强调道德修养，培养官员的廉洁意识。清朝继续实行科举制度，注重考察考生的道德品行和学识，强调官员的廉洁自律。同时，提倡节俭，反对奢侈浪费，许多皇帝和官员以身作则，保持简朴的生活作风。最后，明清时期的文人和社会舆论通过诗文和其他形式揭露腐败，倡导廉洁。例如，明朝的顾炎武、黄宗羲等思想家通过著作和诗文揭露社会弊病，呼吁官员廉洁自律。清朝的文人通过小说、戏剧等形式揭露官场腐败，如《红楼梦》和《聊斋志异》都反映了对腐败的批判和对廉洁的呼唤。

总之，明清时期的中华优秀传统廉洁文化维护了当时的社会稳定和政治清明，也为后世提供了宝贵的廉洁文化经验，推动了中华优秀传统廉洁文化的传承与发展。尽管与前朝相比，明清中后期由于官场腐败严重导致廉洁文化受到冲击，然而这一时期廉洁文化在官场清明方面的特点及效能发挥也是不应抹杀的。

（二）明清时期中华优秀传统廉洁文化的特点

明清时期的中华优秀传统廉洁文化通过法律和监察制度的严格规范、重视德行教育、倡导节俭反对奢靡、社会舆论和文人监督以及实际惩治腐败等，形成了一个较为完善和系统的廉洁文化体系。明清时期廉洁文化的特点主要表现在以下几个方面：

首先，明清时期建立并完善了严格的法律和监察体系，对官员的行为进行全方位监督和约束，严厉打击贪污腐败行为。例如，明朝设立都察院，制定《大明律》；清朝设立御史台，制定《大清律例》。其次，通过科举制度和学校教育，强调官员的道德修养和廉洁自律，培养官员的廉洁意识。例如，明朝的太学和地方学堂，清朝的科举考试，注重德行考察。再次，提倡节俭，反对奢侈浪费，许多皇帝和官员以身作则，保持简朴的生活作风。例如，明太祖朱元璋、清朝的康熙帝和雍正帝等，以简朴生活著称，树立了廉洁榜样。最后，明清时期对官员的廉洁提出了一定的要求，并通过实际行动惩治腐败，注重治理实效。例如，明朝的海瑞、清朝的张廷玉和曾国藩，以廉洁自律和治理能力著称。

总之，明清时期的廉洁文化特点主要体现在严格的法律与监察制度、重视德行教育、提倡节俭反对奢靡、依靠社会舆论和文人监督以及实际惩治腐败等方面，这些措施共同形成了一个较为完善的廉洁文化体系，有效地维护了社会的稳定和政治的清明。然而，明清晚期吏治腐败说明早期廉洁传统并未得以传承延续，还出现了异化腐朽之变。

（三）明清时期中华优秀传统廉洁文化的功能

客观而言，明清时期的中华优秀传统廉洁文化在维护社会稳定、提高行政效率、提升官员素质、推动社会风气改善、增强国家凝聚力和保障法治的实施等方面发挥了重要功能，有效地促进了明清初期社会的和谐发展和政治的清明，不仅在当时产生了积极影响，也为后世的廉洁文化建设提供了宝贵的经验和借鉴。明清时期的中华优秀传统廉洁文化的重要功能主要表现在以下几个方面：

首先，明清时期的廉洁文化通过减少贪污腐败，减轻了百姓负担，维护了社会的公平正义，促进了社会的稳定和和谐。例如，明太祖朱元璋制定了一系列法律和政策，严厉打击贪污腐败，提倡节俭，减轻百姓赋税负担，维护社会稳定。清朝的康熙帝通过完善法律和监察制度，保证官员廉洁自律，促进了社会的安定和发展。其次，明清时期的廉洁文化要求官员廉洁自律、依法行政，有助于减少官场的腐败。例如，明朝的海瑞刚正不阿、清正廉洁，严格执行法律，打击贪污腐败，提升了行政效率和政府公信力。清朝的曾国藩通过严于律己、廉洁奉公的行为，提高了湘军的战斗力和组织效率。再次，强调官员的道德修养和廉洁自律，有助于提高官员的整体素质，形成廉洁从政的风气。明清两朝通过科举制度选拔德才兼备的官员，强调官员的道德修养和廉洁自律。一些清廉的官吏为了严于律己和严格要求自己的属下及自己的亲属，也往往立碑自律。例如，在河北省无极县的县委大院中，就立有一块明嘉靖三年（1524 年）由当时的无极县知县郭允礼用楷书写的《官箴》刻石："吏不畏严而畏吾廉，民不服吾能而服吾公。廉则吏不敢慢，公则民不敢欺。公生明，廉生威"。① 此外，通过倡导节俭、反对奢靡，改善了社会风气，减少了不良社会风气的传播。例如，明太祖朱元璋和清朝的康熙帝等以身作则，提倡节俭反对奢侈，树立了良好的社会风尚。明清时期的文人通过诗文和戏剧揭露官场腐败，倡导廉洁风气。最后，明清时期的廉洁官员通过公正廉明的执政，赢得民心，增强了国家的凝聚力和向心力，有助于国家的统一和稳定。例如，明太祖朱元璋通过清廉执政、打击贪污，赢得了民心，增强了国家的凝聚力。清朝的康熙帝通过廉洁自律和严格治理，加强了中央集权，巩固了国家的统一和稳定。尤其晚清时期，恰值中华文明转型期，林则徐、曾国藩、张之洞等一批廉吏极力倡导清廉俭朴勤政之风气，忠实践履中华传统廉洁文化的基本要求，并开始把它与近代中国"救亡图存"的时代主题联系起来，赋予了中华传统廉洁文化

---

① 金其桢、麻承照：《廉政碑文解读》，中国方正出版社 2008 年版，第 232-233 页。

以新的时代内容，为实现中华传统廉洁文化向中华近代廉洁文化的转型搭建了一座桥梁。①

总之，明清时期的廉洁文化通过完善法律制度、重视德行教育、提倡节俭反对奢靡、依靠社会舆论和文人监督以及实际惩治腐败等措施，有效维护了社会稳定，提高了行政效率，提升了官员素质，改善了社会风气，增强了国家凝聚力和保障了法治的实施，在特定时期形成了一个较为完善的廉洁文化体系，为后世的廉洁建设提供了宝贵的经验和借鉴。

七、近现代：中华优秀传统廉洁文化的继承与创新阶段

近现代一般指从 19 世纪中叶到 21 世纪初的这一段时间，中国经历了从封建社会向现代社会的巨大转变，包括多次重大的历史事件和社会变革。近现代具体时间从 1840 年鸦片战争开始，经历了清朝末期的动荡、中华民国的建立和发展、中华人民共和国的成立和发展，延续至 21 世纪的当下，涵盖了中国社会从封建主义向现代化、信息化和全球化发展的整个过程。随着社会的变革和现代化进程，传统廉洁文化与现代法治观念相结合，强调依法治国、廉政建设和反腐败斗争，廉洁文化在新的历史条件下得到继承和创新发展。

（一）近现代中华优秀传统廉洁文化的概况

近现代中华优秀传统廉洁文化在不同历史阶段展现出各自的特

① 尹世尤、沈其新：《论晚清封建廉吏对中华传统廉洁文化的传承》，《江西社会科学》2008 年第 3 期。

点和功能，从清末到民国时期的改革倡廉，到中华人民共和国成立至改革开放前的反腐倡廉，再到改革开放新时期的廉洁自律与反腐并举，直至 21 世纪的全面从严治党和法治化反腐，不仅维护了社会稳定和政治清明，也为现代中国的廉洁建设奠定了坚实基础，提供了宝贵的经验和借鉴。近现代中华优秀廉洁文化的发展经历了从封建社会向现代化转型的巨大变革，主要包括以下几个阶段：

第一，清末到民国时期（1840—1949 年）。随着清政府的腐败现象日益严重和内忧外患，社会对廉洁的呼声日益高涨。维新派和革命派提倡改革，要求官员廉洁自律。民国时期，孙中山提出"三民主义"，并身体力行强调廉洁自律和责任担当。孙中山为革命到处奔走，生活极为俭朴，即便担任临时大总统后，他仍然廉洁奉公，不讲排场：临时大总统设在旧两江总督衙门，孙中山在西边一座平房内办公；衣着朴素，身上穿一件用极粗陋的呢子制成的大衣。在担任临时大总统期间，孙中山每天接见大批来访者，上至地方军政官员，下至人民群众。扬州曾有位八旬老人来南京想瞻仰孙中山的风采，孙中山正拟行握手礼，但老人却掷杖跪下，要向孙中山行三拜九叩之礼。孙中山急将老人扶起，告诉他，总统在职一天，就是国民的公仆，是为全国人民服务的。老人问：总统若离职后呢？孙中山说：总统离职以后，又回到人民的队伍里，和老百姓一样。老人回到住处后高兴地说，今天我总算见到民主了。[1] "孙中山廉洁自律，从来不利用职权为自己谋私利，也不接受别人的礼物。例如，上海永安公司经理郭彪托人送给他一件毛皮大衣，孙中山坚决拒收；

---

① 尚明轩：《辛亥革命与 20 世纪中华民族的振兴》，团结出版社 2002 年版，第 90 页。

《家事遗嘱》'余因尽瘁国事，不治家产。其所遗之书籍、衣物、住宅等，一切均付吾妻宋庆龄，以为纪念。余之儿女，已长成，能自立，望各自爱，以继余志。此嘱'"①，廉洁奉公，堪称表率。

第二，中华人民共和国成立至改革开放前（1949—1978 年）。新中国成立后，党和政府高度重视反腐败和廉洁建设，通过"三反""五反"运动反腐同时，制定了一系列法律法规，强调廉洁自律和为人民服务的宗旨。"三反""五反"运动是新中国成立后，毛泽东开展的大规模的群众性反腐败运动，是继整风运动后又一重要的反腐败举措，为防止党脱离群众，克服官僚主义，维护党的先进性、纯洁性和消除腐败现象起到了积极的作用。② 廉洁自律、率先垂范是中国共产党一贯的宗旨与行为准则。新中国成立前夕，毛主席就告诫过身边的人：我们不做李自成，当年李自成打下北京后，迅速堕落腐化，最后兵败被杀，这一幕将是前车之鉴。毛泽东的廉洁是有目共睹的，一双袜子穿 3 年，一件睡衣穿了 20 年。③ 周恩来以廉洁自律和无私奉献著称，成为党内外的廉洁楷模。刘少奇在反腐败运动中，强调廉洁的重要性，严格执行党纪国法。除了党的领袖和国家领导人，党员干部中也涌现了一大批廉洁典范，影响世人。

第三，改革开放新时期（1978—2011 年）。在经济体制改革的同时，党和政府不断加强反腐败工作，出台了多项反腐败法规和政

---

① 陈鹏键：《中国近现代执政案例选编》，上海社会科学院出版社 2006 年版，第 213 页。

② 沈其新：《中华廉洁文化与中国共产党先进性建设》，湖南大学出版社 2008 年版，第 156 页。

③ 陈丹：《当美德遇上节日：中小学教师必读的 50 个节日思政案例》，经济日报出版社 2023 年版，第 98 页。

策。例如，恢复和加强了纪检监察机关的职能，建立健全廉洁自律和反腐败机制，同时，加强党风廉政建设也是改革重点。例如，邓小平在倡导改革开放的同时，也强调党风廉政建设和反腐败斗争。邓小平的党风廉政建设理论既继承了毛泽东党风廉政思想的合理内核，又科学分析了新时期党风廉政建设面临的新情况、新问题，形成了新的理论成果，发展了毛泽东思想，具有独特的理论风格，是邓小平理论的重要组成部分。① 邓小平的廉洁和艰苦奋斗精神，表现在工作作风上：从来不讲排场，不要派头，不图形式，即在生活作风上艰苦奋斗，在工作作风上勤政廉洁。②

第四，新时代以来（2012 年至今）。党的十八大以来，习近平总书记提出全面从严治党，正风肃纪、反腐肃贪，思想建党、制度治党，以"零容忍"的态度全面从严治党，"打虎""拍蝇""猎狐"成效显著，党风政风为之一新，反腐败斗争取得压倒性胜利。2024年 1 月 8 日，李希在《深入学习贯彻习近平总书记关于党的自我革命的重要思想　纵深推进新征程纪检监察工作高质量发展——在中国共产党第二十届中央纪律检查委员会第三次全体会议上的工作报告》中指出，中央纪委国家监委立案审查调查董云虎、孙志刚、韩勇等中管干部 87 人，全国纪检监察机关共立案 62.6 万件，留置 2.6万人，给予党纪政务处分 61 万人。同时，一刻不停狠刹享乐主义、奢靡之风。提级查处、公开通报青海省 6 名正厅级领导干部在参加学习贯彻党的二十大精神培训班期间顶风违纪典型案例，专题通报

---

① 付佑全、刘新华：《党的三代领导人廉政思想研究》，四川人民出版社 2003年版，第 79 页。

② 陈继安：《邓小平风范》，四川人民出版社 2004 年版，第 323 页。

交通运输部、国家卫生健康委下属单位以培训为名组织公款旅游问题，对"四风"问题开展明察暗访、重点通报。推进党风政风监督信息综合平台建设，查处一批隐蔽、隐性公款享乐奢靡问题。全国共查处享乐主义、奢靡之风问题6.2万个，批评教育和处理8.3万人。突出重点纠治形式主义、官僚主义。着力纠治落实党中央决策部署不担当不用力、执行政策措施"一刀切"、基层治理不作为乱作为、"新官不理旧账"、漠视侵害群众利益等问题，公开通报10起加重基层负担典型案例。全国共查处形式主义、官僚主义问题4.6万个，批评教育和处理7.1万人。纠树并举促进作风建设常态长效。强化元旦、春节、"五一"、中秋、国庆等重要节点监督，加大对在职领导干部违反中央八项规定精神典型案例公开通报的力度。推动中央有关部门完善公务接待等相关制度规定。围绕政策制定、考核检查、问责奖惩等环节完善细化制度，着力破解形式主义、官僚主义定性难、查处难问题。加强新时代廉洁文化建设，大力弘扬新风正气。①

总之，近现代中华优秀廉洁文化经历了清末到民国时期的改革倡廉、中华人民共和国成立至改革开放前的反腐倡廉、改革开放新时期的廉洁自律与反腐并举，直至21世纪的全面从严治党和法治化反腐，通过不断完善法律法规、加强纪检监察、倡导德行教育，形成了系统的廉洁文化体系，维护了社会的稳定和政治的清明，为现代中国的廉洁建设奠定了坚实基础。

---

① 《李希在二十届中央纪委三次全会上的工作报告》，中央纪委国家监委网站2024年2月25日。

（二）近现代中华优秀传统廉洁文化的特点

近现代中华优秀传统廉洁文化的特点包括法治化与制度化、全面从严治党、重视德行教育、公众参与与社会监督以及实际惩治腐败。这些特点共同形成了系统的廉洁文化体系，维护了社会稳定和政治清明，为现代中国的廉洁建设奠定了坚实基础。近现代中华优秀传统廉洁文化的特点主要表现在以下几个方面：

第一，法治化与制度化。近现代时期，我国廉洁文化逐步走向法治化和制度化，通过建立和完善法律法规及监察制度，对官员的行为进行严格规范和监督。例如，中华人民共和国成立后，制定了一系列反腐败法律法规，并设立纪检监察机关，进行系统的反腐工作。进入新时代以来，为了进一步加强法治建设，制定并修订了《十八届中央政治局关于改进工作作风、密切联系群众的八项规定》《中国共产党廉洁自律准则》《中国共产党问责条例》《中国共产党巡视工作条例》《关于新形势下党内政治生活若干准则》《中国共产党党内监督条例》《中华人民共和国监察法》《中国共产党党务公开条例（试行）》《中国共产党支部工作条例（试行）》《中国共产党工作机关条例（试行）》《中国共产党党组工作条例》《中国共产党地方委员会工作条例》《中国共产党统一战线工作条例（试行）》《中国共产党政法工作条例》《中国共产党宣传工作条例》《党政领导干部选拔任用工作条例》《党政领导干部考核工作条例》《中国共产党农村工作条例》《中国共产党机构编制工作条例》《中国共产党党员教育管理工作条例》《中国共产党农村基层组织工作条例》《中国共产党重大事项请示报告条例》《中国共产党党内关怀帮扶办法》《公务员职务和职级并行规定》《加强和改进城市基层党的建设工作的意见》《中华人民共和国监察法》《中国共产党党内法规和规范性文件备案审查规定》《中国共产党党内法规执行责任制规定（试行）》《中国共产党党校（行政学院）工作条例》《2019—2023年全国党员教育培训工作规划》《纪检监察机关处理检举控告工作规则》《党委（党组）落实全面从严治党主体责任规定》《中华人民共和国公职人员政务处分法》《中共中央关于加强对"一把手"和领导班子监督的意见》《中华人民共和国监察官法》《中华人民共和国监察法实施条例》《中国共产党纪律检查委员会工作条例》《事业单位领导人员管理规定》《中国共产党党徽党旗条例》《信访工作条例》《纪检监察机关派驻机构工作规则》《中国共产党章程》《中国共产党处分违纪党员批准权限和程序规定》《中国共产党纪律处分条例》等法规，提升反腐工作的法治化水平。

第二，全面从严治党。以党的建设为核心，强调全面从严治党，通过严格的党纪国法，确保党内廉洁，增强党的执政能力。例如，习近平总书记提出全面从严治党，强调"老虎苍蝇一起打"，开展了多轮巡视，确保各级党组织和党员干部廉洁自律。党的二十大以来，中央纪委国家监委坚定不移深化政治巡视；在党中央领导下推动修订巡视工作条例，进一步健全巡视体制机制、责任体系；召开全国巡视工作会议，统筹安排常规巡视、巡视"回头看"和机动巡视，"三箭齐发"、同向发力；组织开展两轮中央巡视，共巡视57家中管企业、5家中管金融企业、7家中央和国家机关单位党组织，高质量完成对中管企业党组织巡视全覆盖。同时，强化巡视整改和成果运用。逐项研究梳理习近平总书记听取巡视汇报时的重要指示要求，提出工作建议，坚决推动落实。连续两轮共对7家单位开展巡视"回头看"，对62家单位开展整改测评，强化立行立改、边巡边查。

建立巡视整改会商机制，增强整改监督合力。向党中央、国务院分管领导同志和有关部门移交工作建议 26 件，推动深化改革、完善制度。深化巡视巡察上下联动。加强对中央和地方单位巡视巡察工作指导，省、市、县三级共巡视巡察 23.1 万个党组织，182 家中央单位对 2.7 万个党组织开展内部巡视巡察。结合中央巡视开展专项检查，推动提升巡视质效。①

第三，重视德行教育。强调官员的道德修养和廉洁自律，通过教育培训和思想政治工作，提高官员的廉洁意识。例如，中华人民共和国成立初期，通过党校和干部培训学校，加强对党员干部的思想政治教育。改革开放以来，通过开展廉政教育活动和党风廉政建设，增强党员干部的廉洁意识和道德自律。以中央纪委国家监委为例，党的二十大以来，中央纪委国家监委统筹抓好主题教育和教育整顿，将学习教育、检视整治贯穿始终，以更高标准、更严要求纯洁思想、纯洁组织，努力打造忠诚干净担当、敢于善于斗争的纪检监察铁军。用心用情深学细悟习近平新时代中国特色社会主义思想。中央纪委常委会制定并严格执行"第一议题"制度，跟进传达学习习近平总书记重要讲话和重要指示批示精神 53 次，开展 7 次集体学习，举办为期 7 天的驻委领导读书班，带领全系统带着感情、带着信仰、带着使命，读原著、学原文、悟原理，自觉用以武装头脑、指导实践、统领纪检监察一切工作。突出政治教育、党性教育，坚持常委会和班子成员领学、机关党委督学、基层党支部研学、党小组促学、党员自学"五学联动"机制，各级纪检监察机关主要负责

---

① 《李希在二十届中央纪委三次全会上的工作报告》，中央纪委国家监委网站 2024 年 2 月 25 日。

人带头讲主题党课、作廉政教育报告，在全系统开展集中轮训，在以学铸魂、以学增智、以学正风、以学促干上见实效。①

第四，公众参与与社会监督。鼓励公众参与反腐倡廉，通过媒体和社会舆论监督，形成全社会共同抵制腐败的氛围。例如，通过信访举报、媒体曝光等渠道，鼓励群众监督官员行为。利用互联网和新媒体平台，加强对腐败行为的曝光和监督，形成强大的舆论压力。以金融监管为例，社会舆论的监督可以鼓励动员全社会成员关心和协助监督金融消费者权益保护，通过营造宽松的舆论环境，广泛聚焦媒体目光，对逃避监管、侵害金融消费者权益的行为形成威慑力，督促金融机构以及更多的互联网金融平台依法经营和规范行事。② 尤其是近年来，大数据、信息技术、区块链技术、AI、AR、VR 等技术手段，可以有效整合数据信息，提升监督效能，促进廉洁文化发展。

总之，近现代中华优秀传统廉洁文化通过法治化与制度化建设、全面从严治党、重视德行教育、公众参与与社会监督以及实际惩治腐败等措施，逐步形成了系统的廉洁文化体系，维护了社会稳定和政治清明，为现代中国的廉洁建设奠定了坚实基础。

（三）近现代中华优秀传统廉洁文化的功能

近现代中华优秀传统廉洁文化在社会和政治生活中发挥了重要的功能，主要体现在以下几个方面：首先，廉洁文化通过打击贪污

---

① 《李希在二十届中央纪委三次全会上的工作报告》，中央纪委国家监委网站 2024 年 2 月 25 日。

② 焦瑾璞：《构建中国金融行为监管体系研究》，中国金融出版社 2015 年版，第 206 页。

腐败行为，减轻了人民负担，促进了社会公平正义，从而维护了社会的稳定和和谐。例如，中华人民共和国成立初期，开展大规模反腐败运动，清查腐败分子，稳定了社会秩序。反腐倡廉工作的大力开展，确保了政府的清廉形象，赢得了民众的信任，减少了社会矛盾。其次，廉洁文化要求官员廉洁自律、依法行政，减少了官场腐败，提高了政府的行政效率和公信力。例如，改革开放以来，通过加强反腐败工作，提高了政府办事效率和透明度，推动了经济社会快速发展。反腐败和廉政建设工作，优化了政府管理体系，减少了权力寻租现象，提高了行政效率。再次，廉洁文化强调党员、党员领导干部、国家公职人员的道德修养和廉洁自律，有助于整体素质的提升，形成廉洁从政的风气。例如，党和政府通过廉政教育和思想政治教育，提高了党员干部的廉洁意识和道德自律。通过严格的选拔和考核机制，确保选拔出的官员具备廉洁自律的品质。同时，通过倡导廉洁自律和反对腐败，改善了社会风气，减少了不良风气的传播。例如，通过媒体和社会舆论监督，曝光腐败行为，倡导廉洁风气，形成了良好的社会氛围。反腐倡廉教育的深入开展，提高了全社会对廉洁文化的认同，推动了社会风气的改善。最后，通过严厉打击腐败行为，增强了党的凝聚力和执政能力。廉洁自律的政府形象赢得了人民的支持，增强了国家的向心力和促进了社会的和谐稳定。此外，提倡依法行政，反对徇私枉法，保障了法治的实施，维护了社会的公平正义。例如，制定和实施《中华人民共和国监察法》等法律法规，严格执行法律，对腐败行为进行严厉打击。通过法律手段和制度建设，确保了廉政建设的法治化和规范化，保障了法治的公正与权威。

　　总之，中华优秀传统廉洁文化在不同历史时期表现出不同的发展特点，从先秦的奠基，到秦汉的发展，再到魏晋南北朝的转型与深化，隋唐的完善与高峰，宋元的多元发展，明清的巩固与收缩，最后到近现代的继承与创新。每一个阶段都在不同的历史条件下对廉洁文化进行了丰富和发展，形成了中华文化独特的廉洁传统。

第三章
中华优秀传统廉洁文化的典籍呈现

    中华优秀传统廉洁文化的典籍呈现指的是中国古代文献中关于廉洁的思想、原则和实践的记录与阐述，包括儒家经典、史书、文人著作、家训以及官箴等，涵盖了中华优秀传统文化中对清正廉明、勤政爱民、道德操守等方面的深刻认识和要求。传统廉洁文化中蕴含丰富的廉政思想和实践经验，系统研究廉洁文化典籍，为学术研究提供丰富的素材，推动理论创新，丰富廉政文化和伦理学的研究内容。这有助于启迪个人修身养性，提高道德素养，培养清廉自律的良好品质；有助于树立良好的社会风尚，促进社会公平正义，增强社会的凝聚力和稳定性；有助于深入理解和传承中华优秀传统文化，弘扬传统美德，增强文化自信；为现代廉政建设提供了宝贵的历史借鉴，有助于构建廉洁高效的治理体系。总之，研究中华优秀传统廉洁文化典籍，能够系统梳理和深刻阐释其中的思想精髓，对当代廉政建设和个人修养都有重要的指导意义。

一、中华优秀传统廉洁文化典籍呈现的形式

    儒家经典、历史典籍、文人著作、家训家规、官箴和律例以及

文学作品等不同类型的典籍以各自特有的方式，共同构成了中华优秀传统廉洁文化的丰富呈现形式。其中，儒家经典是思想核心，历史典籍是记录者，文人著作是传播者，官箴和律例是制度保障。这些呈现形式相辅相成，共同推动了廉洁文化在中国古代社会的形成和发展。

（一）儒家经典：中华优秀传统廉洁文化典籍呈现形式的核心

儒家经典确实是中华优秀传统廉洁文化典籍呈现形式的核心，包括《论语》《孟子》《大学》《中庸》等强调"为政以德"，即治理国家应以道德为根本；"己所不欲，勿施于人"，提倡推己及人、仁爱宽厚；主张"民为贵，社稷次之，君为轻"，提出"浩然之气"和"养气"之说，强调官员应具备高尚的道德修养；强调"修身、齐家、治国、平天下"的理想，要求官员自我修养以实现理想治国，不仅奠定了中国古代廉洁文化的思想基础，还通过代代相传的教化作用，深刻影响了中国社会的伦理道德观和国家治理理念。

1. 思想体系的奠基

儒家经典之所以被视为中华优秀传统文化思想体系的奠基，是因为它们确立了核心的伦理道德和治国理念，深刻影响了中国古代的教育、政治、社会和家庭生活，不仅为中国传统文化提供了思想基础，还通过教育和政治制度的落实，成为维系社会和谐和稳定的重要力量。

第一，核心思想的确立。仁、义、礼、智、信等思想是儒家思想的基本内核。仁，强调人际关系中的仁爱和关怀；义，强调正义和道德；礼，强调社会秩序和礼仪；智，强调智慧和知识；信，强调诚信和信任。仁、义、礼、智、信作为儒家思想的核心价值观奠定了中国古代社会的伦理道德基础。"修身齐家治国平天下"的个人道德修养与社会治理理念，则为中国传统文化提供了完整的价值体系。

第二，影响深远的教育体系。"四书五经"是"四书"与"五经"的合称，是儒家经典，它们详实地记载了包括政治、军事、文化、外交等多方面的中国古代思想、文化发展的历史，以及以孔子、孟子为代表的思想家的重要主张。"四书"包括《论语》《孟子》《大学》《中庸》四部作品，其中，《论语》是记录孔子及其弟子言行的语录文集；《孟子》是孔子的继承人、"亚圣"孟子的著作；《大学》《中庸》是《礼记》中的两篇，南宋淳熙年间，朱熹撰《四书章句集注》，才有了"四书"的说法；元代以后，"四书"及朱熹的注释成为科举考试的基础书籍，极大地影响了中国封建社会后期的思想和文化教育。"五经"指的是《诗经》《尚书》《礼记》《周易》《春秋》五部作品，汉武帝时朝廷公布这五部书籍为儒家经典，始称"五经"，保存了丰富的古代历史资料，是我国古代封建社会的儒学教科书。① "四书五经"作为儒家经典的代表，长期以来是古代教育的核心内容，对历代学子的思想培养产生了深远影响。儒家经典成为科举考试的基础内容，影响了数百年的教育和选官制度。通过科举考试，儒家思想被广泛传播，深植于知识分子和官员阶层，也是我国传统廉洁文化的奠基呈现形式之一。

第三，政治伦理的指导。儒家强调道德和伦理在治理国家中的

---

① 绘时光：《妙趣 60 秒读懂中国词儿》（古代文艺），四川教育出版社 2022 年版，第 80-81 页。

重要性，如《论语》中的"为政以德，譬如北辰，居其所而众星共之"，强调领导者应以德行服众。孟子的"民为贵，社稷次之，君为轻"提出了早期的民本思想，强调人民的利益至上，影响了历代治国方针，对古代封建帝国统治者及封建官僚体系文官思想均产生深远影响。

第四，社会秩序与和谐。儒家经典中关于礼乐的系统论述，为古代社会的制度建设提供了理论依据，促进了社会的和谐与稳定。此外，儒家重视家庭伦理，如《孝经》和《家语》，强调孝道和家庭责任，对家庭和社会的稳定具有重要作用。

第五，道德教化的实践。孔子、孟子等儒家先贤的言行成为后世效法的榜样，其思想通过弟子和门徒广泛传播，形成了道德教化的传统。在此基础上，历代文人学者通过著书立说、讲学授徒，将儒家思想发扬光大，形成了持续的文化传承。

总之，儒家经典作为中华优秀传统文化思想体系的奠基，通过确立核心伦理道德和治国理念，深刻影响了中国古代的教育、政治、社会和家庭生活，并通过教育体系和政治制度的传播和落实，成为维系社会和谐与稳定的重要力量。

2. 实践中的影响

儒家经典通过其国家治理理念、教育体系、社会伦理、文化传承和道德教化的实际影响，深刻塑造了中国古代社会的方方面面，成为中华优秀传统文化的核心实践力量。儒家经典作为中华优秀传统文化典籍的核心，通过其思想体系的奠基，对实践产生了深远影响。

第一，国家治理的影响。儒家经典强调"为政以德"，要求统治者以道德和仁爱治国，塑造了历代统治者的施政方针，如汉代的

"文景之治"和唐代的"贞观之治"。此外，儒家思想中的廉洁自律观念对官员的行为规范产生了深远影响，通过《贞观政要》等文献，传达了廉政的重要性。

第二，教育体系的影响。以儒家经典为主要内容的科举考试制度，使儒家思想在数百年间成为知识分子和官员的基本修养，推动了社会精英的培养。儒家经典如《论语》《孟子》等成为历代学校教育的必读书目，培养了学生的道德修养和社会责任感。

第三，社会伦理的影响。儒家经典强调孝道和家庭责任，如《孝经》中的孝行，成为维系家庭和睦的重要道德准则。此外，儒家强调"仁爱""忠恕之道"等，规范了社会成员之间的行为，促进了社会的和谐与稳定。

第四，文化传承的影响。儒家思想深植于历代文人的思想和创作中，通过诗文、书画等形式，传递和弘扬儒家文化。许多家族通过家训传承儒家思想，形成了优良的家风和家族文化，影响了一代又一代人的价值观和行为方式。

第五，道德教化的影响。儒家先贤如孔子、孟子的言行成为后世效法的典范，通过历史和文学作品不断传扬其美德。儒家经典倡导的廉洁自律、仁爱宽厚等美德，逐渐融入社会风尚，成为社会共同遵循的道德规范。

总之，儒家经典中的廉洁思想直接影响了中国历代官员的行为准则和治国理政的方针。如"为政以德""以人为本"等理念在实际治理中得到了广泛应用。

3. 文化传承的纽带

儒家经典在中国古代的教育体系中占据重要地位，通过科举制度、家训家规等途径，廉洁思想深入人心，成为社会道德的重要组成部分，之所以被称为中华优秀传统廉洁文化典籍的核心和文化传承的纽带，主要是基于以下几个方面的原因：

第一，核心思想的奠基。儒家经典中蕴含的廉洁自律、克己奉公的思想，构成了廉洁文化的核心价值观。例如，《论语》中提到"君子喻于义，小人喻于利"，强调君子应当以道义为重，而非私利。此外，儒家经典强调"为政以德"，要求统治者通过自身的道德修养来治理国家，廉洁自律是其中的重要组成部分。

第二，教育体系的传播。儒家经典是书院和学堂的重要教材，学生们通过研读经典，培养了廉洁自律的品格。同时，儒家经典是科举考试的核心内容，通过这一制度，廉洁思想得以广泛传播和落实。考生们通过学习儒家经典，接受了廉洁自律的思想熏陶，并在仕途上践行这些理念。

第三，社会伦理的规范。儒家经典强调家庭伦理，如孝道和亲情，这些理念在家庭中传承，形成了家庭成员之间的廉洁自律观念。儒家经典提倡"仁爱""忠恕之道"等，这些观念规范了人际交往中的行为准则，使廉洁自律成为社会共识。

第四，文化传承的纽带。儒家经典在历代治国理政中被广泛引用，形成了国家治理的理论基础，廉洁思想因此得以代代相传。文人学者通过著书立说、讲学授徒，将儒家思想传播到社会各个阶层，廉洁文化在这一过程中不断传承和发扬。

第五，实践中的榜样作用。许多历史人物通过践行儒家廉洁思想，成为后世的榜样，如孔子、孟子、范仲淹等，他们的事迹被广泛传颂，起到了示范和教育作用。儒家经典中的廉洁思想通过文学作品被形象化和具体化，使之更易为大众接受和理解，增强了其文化传承的效果。

总之，儒家经典之所以是中华优秀传统廉洁文化典籍的核心和文化传承的纽带，是因为它们系统阐述了廉洁自律的价值观，通过教育体系、社会伦理、文化传承和历史实践，深刻影响了中国古代和现代社会的方方面面，廉洁思想代代相传，成为中华文化的重要组成部分。

4. 伦理道德的影响

儒家经典不仅指导官员的行为，也对普通人的日常生活和道德修养提出了要求，强调修身齐家治国平天下，形成了全民遵守的伦理规范。

第一，修身，即个人道德修养。儒家经典如《论语》《孟子》等强调个人的道德修养，要求人们不断提升自己的品德，如孝顺父母、诚信待人、宽厚待人等。此外，还强调通过学习经典、反省自我、培养良好的道德品质，来达到内心的平和与正直。这种修养不限于官员，而是适用于所有社会成员。

第二，齐家，即家庭和谐管理。儒家经典中强调的孝道、兄友弟恭、夫妻和睦等家庭伦理规范，要求每个家庭成员履行自己的责任，维护家庭和睦与稳定。很多家庭通过制定家训和家规，将儒家伦理规范具体化，传承家族中的廉洁自律和道德操守，形成良好的家风。

第三，治国，即治理国家。儒家经典主张治理国家要以德为本，要求领导者具有高尚的道德品质，以身作则，廉洁奉公，做到公正廉明。强调以民为本，统治者应关心百姓的福祉，勤政爱民，推行仁政，以实现国家的长治久安。

第四，平天下，即天下太平。儒家经典追求的最高理想是实现天下大同，即全社会和谐共处，人人安居乐业，天下太平，不仅在国内产生深远影响，还对东亚其他国家的文化和治理理念产生了深刻影响，推动了儒家文化圈的形成。

第五，全民伦理规范。儒家经典的伦理道德规范不仅适用于官员，也适用于普通百姓，形成了一套普遍遵守的社会伦理标准。无论在日常生活中还是在社会交往中，儒家伦理道德都为人们提供了行为准则，指导人们如何与他人相处，如何处理家庭和社会关系。

总之，儒家经典通过"修身齐家治国平天下"这一系统的伦理道德体系，不仅指导了个人的道德修养和家庭和谐管理，也对国家治理和社会和谐提出了全面的要求。这一理念强调个人道德修养的基础性作用，认为只有每个人都做到自我修养，才能实现家庭和谐，进而治理好国家，最终达到天下大同的理想社会。通过这一系统的道德规范，儒家经典成为全民遵守的伦理指南，深刻影响了中国社会的方方面面。儒家经典作为中华优秀传统廉洁文化典籍呈现形式的核心，既提供了系统的理论基础，又通过教育和实际治理，影响了整个社会的伦理道德观和行为规范。

（二）历史典籍：中华优秀传统廉洁文化典籍呈现形式的记录者

历史典籍之所以成为中华优秀传统廉洁文化的重要记录者，是因其系统记录了几千年来中华优秀传统廉洁思想和实践，真实反映了廉洁思想在不同历史时期的实践和发展，具有权威性和教育作用。历史典籍通过记录历史事件和人物，形成了完整的文化体系，成为文化传承的重要载体，并为后世提供了宝贵的经验教训和借鉴。

1.《史记》中关于中华优秀传统廉洁文化的呈现

《史记》是司马迁编撰的历史巨著，通过记录历史事件和人物，展示了许多廉洁官员的事迹，并传达了廉政思想，供后人借鉴。《史记》中对于中华优秀传统廉洁文化的呈现主要通过以下几种方式：

第一，人物传记。通过描写廉洁官员的个人事迹和品德，如晏婴、李广、傅介子等，展示他们在不同环境中如何保持廉洁自律。这些传记不仅描绘了人物的廉洁品格，还通过他们的言行体现出廉洁文化的重要性。例如，晏婴在齐国担任宰相期间，生活简朴，还劝谏齐景公不要过度奢华。《史记·管晏列传》记载："晏子常率意俭，蔬食饮，弊衣而履穿，死而家无余财"，多次拒绝贵族的贿赂，坚守廉洁自律。李广是汉朝著名的将军，以勇敢和廉洁著称。《史记·李将军列传》记载："广廉于利禄，老而俭无余财"，描写他拒绝接受敌人的贿赂，并多次在战场上展现出英勇无畏的精神。傅介子作为汉朝的使者，《史记·大宛列传》记载："傅介子持节诣大宛……以节斩其头而归，天子大说，拜介子为中郎将"，描写了他出使大宛期间，拒绝接受贿赂，坚持原则，最终完成任务，为汉朝争取了利益和尊严的故事。总之，这些传记不仅描绘了人物的廉洁品格，还通过他们的言行体现出廉洁文化的重要性，展示了廉洁在个人和国家治理中的重要作用。

第二，历史事件。廉洁官员的事迹不仅彰显了他们的个人品德，也通过其实际行动证明了廉洁对于国家的稳定、社会的和谐和人民的福祉有着至关重要的作用。《史记》中多次提到官员拒绝贿赂、不徇私情的事迹，凸显了廉洁对于国家稳定和发展的意义，传达了廉政思想，为后人提供了宝贵的借鉴。例如，"晁错改革"是指晁错作为汉文帝和汉景帝时期的重要大臣，推行了许多改革措施，强调节俭和廉洁，打击腐败。然而，晁错建议削藩，以限制诸侯国的权力，维护中央集权，最终被杀。但晁错改革为后来的"文景之治"奠定了基础。《史记·晁错列传》记载："错即位，数年中为人所荐，数辞不受。""汲黯直谏"则是指汲黯作为汉武帝时期的御史大夫，刚直不阿，敢于进谏，多次直言批评汉武帝的政策，指出其中的不合理之处，体现了廉洁自律和对国家的忠诚。《史记·汲郑列传》记载："黯为人刚直，数犯颜谏，天下号为刚直之臣。""周勃辅政"是指周勃作为汉高祖刘邦的重要将领，在刘邦去世后，保持廉洁自律，不谋私利，辅佐刘邦的继任者，成功平定了吕后专权的局面，维护了汉朝的稳定。《史记·周勃世家》记载："勃谦让廉洁，持汉律法，动为天下仪表。""赵广汉清正"指的是赵广汉作为西汉时期的清廉官员，担任长安令期间，严格执法，惩治贪官污吏，保持清正廉洁，赢得了百姓的尊敬和支持，促进了社会的稳定。《史记·循吏列传》记载："赵广汉为长安令，严明廉洁，天下称之。"通过这些历史事件，《史记》展示了廉洁文化在国家治理中的作用。

第三，对比描写。通过对比廉洁官员和贪腐官员的不同命运和影响，强调廉洁的重要性和贪腐的危害。因此，在描述廉洁官员的同时，司马迁也不吝笔墨地揭露一些贪官污吏的丑行，形成鲜明对比，增强了廉洁文化的教育意义。例如，晏婴与田常的对比。晏婴是齐国的宰相，以廉洁和简朴著称。他生活简朴，致力于劝谏齐景公，反对奢靡之风，最终赢得了百姓的尊敬。而田常是齐国的田氏家族代表，以贪婪和谋权篡位闻名。他通过阴谋诡计夺取了齐国的政权，最终导致齐国内乱和衰败。（《史记·管晏列传》："晏子常率意俭，蔬食饮，弊衣而履穿，死而家无余财。"《史记·田敬仲完世家》描述了田氏篡齐的过程和贪腐行径。）

赵奢与赵高的对比。赵奢是战国时期的赵国名将，以廉洁和忠诚著称，百姓十分拥戴。赵高则是秦朝的宦官，以阴险和贪腐闻名。

他操纵秦二世，导致秦朝迅速灭亡，给国家和人民带来了巨大的灾难。（《史记·廉颇蔺相如列传》提及赵奢的廉洁和贡献。《史记·赵高列传》详述赵高的阴谋和贪腐行径。）

汲黯与李斯的对比。汲黯是汉武帝时期的御史大夫，以敢于直言、刚正不阿著称，多次冒着风险直言进谏，指出国家政策中的问题，维护国家利益。而李斯是秦朝的丞相，以权谋和贪腐闻名。他为了自身利益，不择手段，最终导致秦朝覆灭，自身也被腰斩示众。（《史记·汲郑列传》："黯为人刚直，数犯颜谏，天下号为刚直之臣。"《史记·李斯列传》详细描述了李斯的权谋与最终的悲惨结局。）

韩信与吕不韦的对比。韩信是汉朝开国功臣，以廉洁和军事才能著称。他帮助刘邦建立了汉朝，但始终保持廉洁，不贪图富贵。吕不韦是战国末期的秦国丞相，以贪腐和阴谋著称。通过贿赂和阴谋上位，最终因贪腐和权谋而被罢黜，后自杀。（《史记·淮阴侯列传》描述了韩信的功绩和廉洁。《史记·吕不韦列传》描述了吕不韦的权谋和贪腐行径。）

在《史记》中，司马迁不仅展示了廉洁官员的高尚品德和积极影响，也揭露了贪腐官员的丑行及其对国家和社会的危害，增强了廉洁文化的教育意义。

第四，言论与劝诫。通过记录历史人物的言论和劝诫，传递廉洁思想。例如，晏婴的许多言论都反映了他对廉洁的重视，通过这些言论，司马迁传达了他对廉洁的理解和推崇。例如，《史记·管晏列传》记载："晏子对曰：'臣闻之，君子行义以达其道，小人行权以徇其私'"，强调君子应当行义，以实现道德和政治理想，而非为了私利而滥用权力。《史记·汲郑列传》记载："汲黯曰：'陛下急诛之以安百姓'",直言劝谏汉武帝,要急于诛杀贪官以安定民心,体现了他对廉洁的重视。《史记·循吏列传》记载:"赵广汉曰:'官吏不廉,民将安乎'",告诫官吏们要廉洁自律。《史记·晁错列传》记载:"错言:'王者以民为天,而民以食为天'",主张改革以改善民生,体现了廉洁思想。总之,通过这些历史人物的言论和劝诫,司马迁不仅传达了他们对廉洁的重视,也通过他们的言行进一步追求廉洁文化。这些言论和劝诫成为后人学习和效仿的榜样,进一步弘扬了廉洁思想。

第五,综合评价。在对一些官员进行综合评价时,司马迁往往会特别提到他们廉洁与否。这种评价不仅帮助后人理解历史人物的品德,也体现了司马迁对廉洁文化的重视。例如,《史记·管晏列传》记载:"晏子常率意俭,蔬食饮,弊衣而履穿,死而家无余财",强调晏婴的节俭和廉洁,使后人能够认识到他的高尚品德。《史记·汲郑列传》记载:"黯为人刚直,数犯颜谏,天下号为刚直之臣",展示汲黯的廉洁品格和对国家的忠诚。《史记·周勃世家》记载:"勃谦让廉洁,持汉律法,动为天下仪表",展示周勃作为廉洁官员的榜样作用。《史记·循吏列传》记载:"赵广汉为长安令,严明廉洁,天下称之",凸显了赵广汉的廉洁品德和在治理地方中的重要作用。总之,通过这些综合评价,司马迁不仅为后人理解这些历史人物的品德提供了重要的参考,也展示了廉洁文化在中国传统文化中的重要地位。这些评价有助于后人学习和效仿,进一步弘扬了廉洁思想。

2.《资治通鉴》中关于中华优秀传统廉洁文化的呈现

《资治通鉴》是司马光编撰的编年体史书,重点记录了历代治国理政的得失,特别是廉政方面的经验教训,强调借鉴历史以改进当政者的施政方略。《资治通鉴》作为一部编年体通史，涵盖了从战国到五代时期的历史，反映了中华优秀传统廉洁文化的发展。其中，《资治通鉴》关于中华优秀传统廉洁文化的呈现形式主要集中在以下方面：

第一，人物传记。通过记述廉洁官员的事迹，展现他们的廉洁品格。例如，汉代的廉颇、东汉的杨震等，他们的事迹被详细记录，展现了他们在不同环境中是如何保持廉洁自律的。以杨震为例，杨震，字伯起，东汉时任司隶校尉，以清廉著称，拒绝贿赂，曾因拒绝地方官员的贿赂而留下"天知地知你知我知"即杨震"暮夜却金"。该典故在《资治通鉴》卷五十三中记载，"震举宦人为部主，部主夜送金十斤，震曰：'故人知震，震不知故人也。'主曰：'暮夜无知者。'震曰：'天知地知你知我知，何谓无知者。'"

第二，历史事件。通过记述历史事件，展示廉洁文化在国家治理中的作用。例如，在《资治通鉴》卷十二中记载了汉文帝和汉景帝时期的节俭政策："上以天下初定，民贫国虚，思令天下自给，诏大臣约己节用"，即汉朝的文景之治，推行节俭政策，杜绝奢华，崇尚廉洁，使得国家富强、百姓安居乐业。

第三，对比描写。通过对比廉洁官员和贪腐官员的不同命运和影响，强调廉洁的重要性和贪腐的危害。对比东汉时期的清廉官员与贪官的命运，展示了廉洁带来的社会稳定和贪腐导致的社会动荡。例如，在《资治通鉴》卷五十三中描述了杨震和侯览的对比，"震为司隶校尉，举朝称其廉；侯览为中常侍，肆意贪污，卒之族灭"，杨震清廉正直，受到百姓敬仰；侯览贪污腐败，最终被处死。

第四，言论与劝诫。通过记录历史人物的言论和劝诫，传递廉洁思想。例如，在《资治通鉴》卷五十七中记录了李固的言论，

"固常劝戒诸公曰：'为官当清廉，若贪污则祸及家门'"，即李固劝诫朝廷官员要廉洁奉公，不要贪图私利，否则祸及家族。

第五，综合评价。在对一些官员进行综合评价时，特别提到他们廉洁与否。这种评价不仅帮助后人理解历史人物的品德，也体现了司马光对廉洁文化的重视。例如，在《资治通鉴》卷一百五中记录了谢安的廉洁，"安廉洁自持，不以权势私亲"，即对东晋谢安的评价。

总之，通过这些呈现形式，《资治通鉴》不仅记录了历史事件和人物，也通过这些记述传递了中华优秀传统廉洁文化，强调了廉洁在国家治理和个人品德中的重要性。

3.《汉书》中关于中华优秀传统廉洁文化的呈现

班固编撰的《汉书》记录了许多汉代清廉官员的事迹，如汉文帝时期的贾谊，他主张轻徭薄赋，减轻百姓负担，表现了廉政思想在施政中的应用，并通过多种形式呈现了中华优秀传统廉洁文化。

第一，人物传记。通过详细记述清廉官员的事迹，展示他们的廉洁品格和施政理念。贾谊、张释之等人的传记中，重点描述了他们在职期间如何廉洁奉公，实施惠民政策。例如，《汉书·贾谊传》记载："谊上疏曰：'今赏赐无功，徭役不均，是以民不安其业，众庶不乐其生'"，主张轻徭薄赋，减轻百姓负担，体现了贾谊廉洁施政的思想。

第二，历史事件。通过记述与廉政相关的历史事件，展现廉洁文化在国家治理中的作用。汉文帝实施减赋税、减徭役政策，体现了其推行廉政、关怀百姓的施政方针。例如，《汉书·文帝纪》记载："帝曰：'民劳于役，而伤于赋，吾甚怜之，减省之'"，下令减免赋税、减轻刑罚，鼓励官员廉洁自守。

第三，对比描写。通过对比廉洁官员和贪腐官员的不同命运和影响，强调廉洁的重要性和贪腐的危害。例如，《汉书·贾谊传》和《汉书·酷吏传》对比了贾谊与贪腐官员的命运，贾谊受到尊重和重用，而贪腐官员则遭到惩罚。

第四，言论与劝诫。通过记录历史人物的言论和劝诫，传递廉洁思想。许多历史人物在重要场合的言论，反映了他们对廉洁的重要性和坚持廉洁的决心。例如，《汉书·张释之传》记载："释之廷尉，守法不阿，上嘉之，赐帛百匹"，张释之的公正廉洁，不徇私情，体现在他的言行中。

第五，综合评价。在对一些官员进行综合评价时，特别提到他们廉洁与否。这种评价不仅帮助后人理解历史人物的品德，也体现了班固对廉洁文化的重视。例如，《汉书·张释之传》："释之廷尉，守法不阿，上嘉之，赐帛百匹"，班固对张释之的评价，强调了张释之的廉洁自律和公正执法。

第六，政策记述。通过记述国家推行的廉政政策，展示廉洁文化在施政中的应用。《汉书·文帝纪》记载："上以天下初定，民贫国虚，思令天下自给，诏大臣约己节用"，汉文帝和汉景帝时期的节俭政策，减轻了百姓负担，倡导了廉洁。

总之，通过这些形式，《汉书》不仅记录了汉代历史事件和人物，也通过这些记述传递了中华优秀传统廉洁文化，强调了廉洁在国家治理和个人品德中的重要性。

4.《宋史》中关于中华优秀传统廉洁文化的呈现

《宋史》作为一部记述宋朝历史的巨著，通过多种方式呈现了中华优秀传统廉洁文化：不仅记录了宋朝的历史事件和人物，也通过这些记述传递了中华优秀传统廉洁文化，强调了廉洁在国家治理和个人品德中的重要性；不仅展示了廉洁思想在不同时期的具体实践，还为后世提供了重要的历史经验和借鉴，成为中华优秀传统廉洁文化的重要载体和传承纽带。

第一，人物传记。通过详细记述清廉官员的事迹，展示他们的廉洁品格和施政理念。例如，包拯、范仲淹等人的传记中，重点描述了他们在职期间如何廉洁奉公，实施惠民政策。以包拯为例，《宋史·包拯传》记载："拯在京师，凡犯法者必绳之，以廉名闻天下"，这记载了包拯在担任开封府尹期间，严惩贪官污吏，执法公正廉洁，被称为"包青天"的事迹。

第二，历史事件。通过记述与廉政相关的历史事件，展现廉洁文化在国家治理中的作用。例如，宋朝实施的"熙宁变法"中，王安石主张的改革措施中就包括了反腐倡廉的内容。以王安石为例，《宋史·王安石传》记载："安石奏行青苗法，务在均平赋役，防止贪污"，记载了王安石的青苗法、募役法等改革措施，旨在减少官吏贪污，减轻百姓负担。

第三，对比描写。通过对比廉洁官员和贪腐官员的不同命运和影响，强调廉洁的重要性和贪腐的危害。例如，对比范仲淹与其他贪官的命运，展示了廉洁对国家和社会的积极影响。《宋史·范仲淹传》称："仲淹清廉，不受私谒，天下咸称其贤"，即范仲淹在担任枢密使期间，严于律己，拒绝贿赂，而一些贪官则因贪污被惩处。

第四，言论与劝诫。通过记录历史人物的言论和劝诫，传递廉洁思想。许多历史人物在重要场合的言论，反映了他们对廉洁的重视和坚持廉洁的决心。例如，《宋史·包拯传》记载："拯尝曰：'为政贵在廉，民无冤则心安'"，即包拯在审案时，常常教导下属要公正廉洁，不能徇私舞弊。

第五，综合评价。在对一些官员进行综合评价时，特别提到他们廉洁与否。这种评价不仅帮助后人理解历史人物的品德，也体现了编者对廉洁文化的重视。例如，《宋史·王安石传》称："安石清介，家无余财，卒之日，遗物无所增"，对王安石的评价，强调了他的廉洁自律和改革精神。

第六，政策记述。通过记述国家推行的廉政政策，展示廉洁文化在施政中的应用。例如，《宋史·宋太宗本纪》记载："太宗曰：'官吏贪污，必绳之以法，庶使民安'"，即宋太宗下令严查官员贪腐行为，实行官员财产申报制度。

总之，《宋史》通过记载历代官员的廉洁事迹、清官廉吏的楷模、反腐倡廉的制度和法律，以及廉政文化的社会影响等多方面，全面呈现了中华优秀传统廉洁文化的多样性和深远影响。这些记载不仅展示了宋代官员严以律己、廉洁奉公的精神风貌，也反映了当时社会对廉洁政治的重视与推崇，为后世提供了宝贵的历史借鉴和文化财富。

（三）文人著作：中华优秀传统廉洁文化典籍呈现形式的传播者

文人著作在呈现中华优秀传统廉洁文化方面，通过道德教化、社会批评、历史借鉴、文化传承和情感共鸣等多种方式，深刻影响了社会的价值观，不仅通过具体事例和人物形象传播廉洁理念，还揭露社会不正之风，引发公众关注和自律，代代传承廉洁文化，使其成为中华优秀传统文化的重要组成部分，对后世产生深远影响。文人通过诗文、散文等形式，表达和传播廉洁思想，倡导廉洁自律的价值观，影响了社会各阶层的道德观念和行为规范，具体可表现为以下几个方面：

1. 诗词歌赋关于中华优秀传统文化价值观的呈现

诗词歌赋在呈现中华优秀传统文化价值观方面，通过多种形式表达出丰富的内涵，不仅使诗词歌赋成为文学艺术的瑰宝，也使其成为传递中华优秀传统文化价值观的重要载体。通过诗词歌赋，文人们以优美的语言和生动的意象，将中华优秀传统文化中的道德、廉洁、仁爱、自强、忠诚等价值观深刻地传达出来，成为中华文化的重要组成部分，影响了一代又一代人。诗词歌赋关于中华优秀传统文化价值观的呈现主要有以下几个方面：

第一，寓教于乐。通过诗词的形式，以优美的语言和节奏，向读者传递道德教化的内容。例如，杜甫的《春夜喜雨》不仅描绘了春雨滋润万物的美景，还隐喻官员应像春雨一样无私奉献，为民服务。

第二，讽刺揭露。以讽刺和揭露社会不公、官员腐败的方式，呼吁廉洁自律。例如，杜甫的《石壕吏》通过描写苛政暴吏的丑态，表达对社会不公的愤慨，激励读者追求公正廉洁。

第三，颂扬赞美。通过颂扬历史人物的高尚品德，树立道德榜样。例如，苏轼在《赤壁赋》中，对自然景色的描绘和对人生的思考，体现了清廉自持、豁达乐观的精神。

第四，情景交融。通过描写自然景物，借景抒情，表达传统价值观。例如，郑燮的《竹石》用竹子的坚韧象征人的坚贞不屈，表达了不畏艰难、坚守正道的精神。

第五，历史借鉴。通过引用历史典故，借古讽今，传递道德教训。例如，范仲淹的《岳阳楼记》引用古人事迹，提出"先天下之忧而忧，后天下之乐而乐"的理想，倡导忠诚廉洁、关心民生的价值观。

第六，情感共鸣。通过抒发个人情感，引发读者的情感共鸣。例如，李白的《将进酒》通过豪放的诗句，表达对自我价值的肯定和对命运的不屈服，激励读者自信自强。

第七，寓言故事。通过讲述寓言故事，传递道德教训。例如，许多古代文人在诗词中引用寓言故事，以生动的情节和人物形象，传递忠诚、廉洁、仁爱等价值观。

总之，诗词歌赋通过寓教于乐、讽刺揭露、颂扬赞美、情景交融、历史借鉴、情感共鸣和寓言故事等多种形式，生动地传递了中华优秀传统文化中的道德、廉洁、仁爱、自强和忠诚等价值观，这些理念在优美的文学作品中得到广泛传播和产生深远影响。

2. 散文随笔关于中华优秀传统文化价值观的呈现

以散文随笔的形式记录和反思廉洁事迹及其背后的道德理念，常见于古代文人的笔记和随笔中，通过生动的语言和具体的描写，深刻地传递了中华优秀传统文化中的价值观，散文随笔由此成为文学艺术的珍贵遗产，同时也是道德教育和文化传承的重要载体。

散文随笔在呈现中华优秀传统文化价值观方面，具有多样化和深刻的表现形式：

第一，生活叙事。通过描述日常生活中的具体事件和细节，体现传统美德。例如，朱自清的《背影》通过描写父亲送别的场景，传递了浓厚的亲情和孝道。

第二，人物描写。通过刻画历史或现实中的人物形象，赞美他们的高尚品德，传递道德典范。例如，欧阳修的《醉翁亭记》不仅描述了自然景色，还借景抒情，赞美隐士生活和清廉自持的品格。

第三，哲理思考。通过深入的哲理思考和理性分析，探讨人生态度和价值观。例如，苏轼的《前赤壁赋》通过对人生无常的感悟，表达了豁达乐观和积极进取的生活态度。

第四，抒情写意。通过抒发个人情感和意境，表达对自然、人生的热爱与思考。例如，陶渊明的《归园田居》通过对田园生活的描写，表达了对简朴生活和自然和谐的向往。

第五，讽刺批判。通过讽刺和批判社会现象，揭示社会问题，倡导正义和廉洁。例如，鲁迅的《阿Q正传》通过对阿Q这一典型人物的讽刺，揭示了社会的麻木和腐败，呼唤社会的觉醒和进步。

第六，借古讽今。通过引用历史典故和故事，借古讽今，表达对现实社会的关怀和批评。例如，韩愈的《师说》通过探讨师道和教育的重要性，批判了当时社会对师道的不重视。

第七，自然描绘。通过描写自然景物，表达对自然的热爱和对生命的感悟。例如，柳宗元的《小石潭记》通过对小石潭景色的描写，寄托了对自由和宁静生活的向往。

总之，散文随笔通过生活叙事、人物描写、哲理思考、抒情写意、讽刺批判、借古讽今和自然描绘等多种形式，生动地表达了中华优秀传统文化中的亲情孝道、清廉自持、豁达乐观、自然和谐、社会正义和历史借鉴等价值观，成为传递和弘扬这些理念的重要文学载体。

3. 书信家训关于中华优秀传统文化价值观的呈现

书信家训在呈现中华优秀传统文化价值观方面，通过具体的书信和家训文本，以直白而真诚的语言传达出丰富的道德教化和人生哲理，传递了中华优秀传统文化中的核心价值观，成为道德教育和家庭传承的重要工具。

书信家训关于中华优秀传统文化价值观的呈现主要包括以下几个方面：

第一，亲情孝道。在书信和家训中，强调子女对父母的孝顺和家庭成员之间的亲情。例如，《颜氏家训》中颜之推多次强调孝道的重要性，教育后代要尊敬长辈，孝顺父母。

第二，勤学立志。强调学习和立志的重要性，勉励子孙勤奋学习，树立远大志向。如《曾国藩家书》中，曾国藩反复叮嘱子孙要读书勤学，立志成才。

第三，修身齐家。教导子孙后代如何修身养性，如何治理家庭，强调个人品德和家庭和谐的重要性。例如，朱熹的《朱子家训》提倡正心修身，保持家庭和睦，树立良好的家风。

第四，廉洁自律。强调为官从政要廉洁自律，公正无私，不贪图私利。如包拯的家训中，要求后代廉洁奉公，不谋私利，保持清白家风。

第五，爱国忠诚。书信和家训中常强调要忠于国家，爱国奉献。如林则徐的家书强调了爱国的重要性，教育子孙要有报效国家的志向。

第六，礼仪规范。教育子孙遵守社会礼仪规范，尊重长辈，友爱兄弟，遵守社会秩序。如《曾国藩家书》中详细讲述了待人接物的礼仪规范和为人处世的道理。

第七，持家理财。强调持家有道，勤俭节约，合理理财的重要性。例如，《朱子家训》中提到"读书不忘耕作，居官当思俭约"，强调了勤俭持家的理念。

总之，书信家训通过亲情孝道、勤学立志、修身齐家、廉洁自律、爱国忠诚、礼仪规范和持家理财等多种形式，以直白真诚的语言传递中华优秀传统文化中的核心价值观，成为道德教育和家庭传承的重要工具。

（四）官箴和律例：中华优秀传统廉洁文化典籍呈现形式的制度保障

官箴是指中国古代对官员行为的道德规范和警戒告诫的总称，主要通过文字对官员的品德、操守、行为准则等进行明确规定和指导，旨在教育和引导官员廉洁自律、清正廉明。官箴在古代起到了重要的道德教化作用，通过对官员的思想和行为进行规范和指导，推动廉洁政治的实现，维护社会的公正和稳定。

律例是指中国古代用以规范社会秩序、管理国家事务的法律条文和法规制度的总称，通常朝廷制定，涵盖刑事、民事、行政等各个领域，具有强制性和约束力。律例在国家中起到了维护社会秩序、保障国家权力运行、保护公民权益的重要作用。通过制定和执行律例，国家建立了一套相对完备的法律体系，确保了国家治理的规范性和权威性。

可见，官箴和律例通过法律和制度的形式，明确规定了廉洁从政的要求和惩戒措施，确保官员廉洁自律，从制度层面保障廉洁文化的实施。官箴和律例作为中华优秀传统廉洁文化的重要组成部分，通过制度化和法制化的手段，提供了保障廉洁的具体表现形式，主要表现为以下方面：

1. 廉洁准则关于优秀传统廉洁文化制度保障的呈现

官箴中明确规定了官员应遵守的廉洁准则，要求他们清正廉明、不贪不占。廉洁准则通过道德教化、行为规范、监督检查、惩戒机制、考核与奖惩等制度保障形式，有效地维护了官员的廉洁自律，推动了廉洁文化的弘扬和落实，为国家的廉政建设提供了坚实的制度基础。廉洁准则在优秀传统廉洁文化制度保障中的呈现主要包括以下几个方面：

第一，道德教化。官箴通过文字形式，明确官员应具备的道德品质，如廉洁、忠诚、勤政、爱民。例如，《贞观政要》中唐太宗对官员的教诲，强调官员要廉洁自律、公正无私。此外，法律条文中也包含了对官员行为的道德要求，确保其行为符合道德规范。如《唐律疏议》规定官员不得接受贿赂，必须保持廉洁。

第二，行为规范。官箴规定具体的行为准则，涵盖日常工作和生活中的方方面面，要求官员以身作则。例如，清代《吏治箴言》中详细列举了官员应遵守的廉洁行为规范。此外，还通过法律条文明确官员的职责和行为规范，确保官员依法办事。如《大明律》中对官员贪污行为的具体定义和处罚标准。

第三，监督检查。官箴强调官员之间要相互监督，建立良好的行政环境，防止贪污腐败。例如，明代《官箴》要求官员要互相提醒和监督，共同维护廉洁风气。同时，设立专门的监察机构，对官员的行为进行监督和检查，确保其廉洁自律。如宋代设立的御史台，专门负责监察各级官员的行为。

第四，惩戒机制。官箴通过警示和告诫条款，提醒官员注意自身行为，防范贪污腐败。例如，《贞观政要》中唐太宗对官员的告诫，警示他们要保持廉洁。同时，设立严格的惩戒机制，对违法违纪行为进行严厉处罚，起到震慑作用。如《唐律疏议》中对贪污受贿行为的严厉惩罚。

第五，考核与奖惩。官箴要求定期考核官员的廉洁情况，将廉洁作为考核的重要标准之一，促进廉洁行政。例如，《廉吏考核法》中对官员廉洁度的考评制度。此外，建立官员考核制度，对廉洁奉公的官员进行奖励，对违纪的官员进行惩处，确保奖惩分明。如明代对官员廉洁行为的考核和奖惩制度。

第六，教育和自省。通过教育和自省，提高官员的道德修养和廉洁意识，确保官员遵守廉洁准则。例如，官箴中关于道德教育和告诫的条款。同时，通过法律教育，增强官员的法治观念，确保其依法行政。如明代对新任官员的法律培训和教育制度。同时，强调君子慎独，自省提升个人修为，加强廉洁自律。

总之，廉洁准则通过道德教化、行为规范、监督检查、惩戒机制、考核与奖惩以及教育和自省等制度保障形式，明确官员应遵守的廉洁自律要求，确保官员依法廉洁行政，维护社会公正，推动廉洁文化的弘扬和落实，为国家的廉政建设提供了坚实的制度基础。

2. 法律法规关于优秀传统廉洁文化制度保障的呈现

律例通过法律条文具体规定了官员廉洁自律的要求和处罚措施。如《唐律疏议》中对贪污受贿行为进行了详细的定义和严厉的处罚规定，体现了法制对廉洁的保障。法律法规在优秀传统廉洁文化制度保障中的呈现主要包括以下几个方面：

第一，明确的法律条文。通过具体的法律条文详细规定官员的职责和行为规范，确保其依法办事。例如，《唐律疏议》中详细规定了官员不得受贿、贪污的法律条款。同时，明确规定各种贪污腐败行为的定义和处罚标准，对贪污受贿、滥用职权等行为进行严厉惩处，如《大明律》中的相关条文等。

第二，监察制度。依照律例，设立专门的监察机构，如御史台、都察院等，负责监督和检查各级官员的廉洁情况，确保行政行为的廉洁和公正。同时，赋予监察机构和监察官员以法律权力，确保其能够有效地执行监察职责。例如，明代《都察院条例》详细规定了都察院的职权和监察范围。

第三，考核与奖惩制度。法律规定要对官员进行定期的廉洁考核，将廉洁作为官员考核的重要标准之一，确保官员廉洁自律。如《廉吏考核法》中对官员廉洁度的考评制度。同时，建立奖惩制度，对廉洁奉公的官员进行表彰和奖励，对违法违纪的官员进行严惩，形成激励和约束机制，如《大明律》中的相关奖惩条款。

第四，告诫和警示条款。法律条文对官员进行告诫和警示，提醒其廉洁自律，防范贪污腐败。例如，《贞观政要》中对官员的道德告诫条款。同时，明确法律对贪污腐败行为的严厉惩罚，形成法律威慑力，防止官员违法乱纪。

总之，法律法规通过上述制度保障形式，有效地规范和约束了官员的行为，维护了行政廉洁，推动了廉洁文化的弘扬和落实，为国家的廉政建设提供了坚实的制度基础。

3. 监察制度关于优秀传统廉洁文化制度保障的呈现

设置专门的监察机构和官员，对各级官员的廉洁情况进行监督和检查。例如，明代设有都察院，专门负责监察百官，防止贪污腐败。监察制度在优秀传统廉洁文化制度保障中的呈现主要包括以下几个方面：

第一，设立专门的监察机构。如中央的御史台和地方的按察使司，负责对各级官员进行监察和考核，确保廉洁自律。例如，唐代设立的御史台，专门负责监察百官。

第二，法律赋权。通过法律条文详细规定监察机构和监察官员的权力和职责，确保其能够依法履职。例如，明代《都察院条例》明确了都察院的监察权限和工作内容。

第三，日常监察和专项监察。监察机构定期对地方官员进行巡视和检查，了解其廉洁情况，及时纠正不正之风。

　　总之，监察制度通过设立专门的监察机构，如中央的御史台和地方的按察使司，并通过法律赋予其明确的权力和职责，确保其能够依法履职。同时，通过定期巡视和专项监察，对各级官员的廉洁情况进行监督和检查，及时纠正不正之风，从而保障廉洁文化的制度落实。

　　总之，中国古代通过官箴（官员行为规范）和律例（法律法规）这两种形式，体现和传承了中华文化中的廉洁价值观。官箴作为道德教化的工具，强调官员的自我修养和道德标准，而律例则为廉洁行为提供了法律上的约束和保障。这两者共同构成了中国传统廉洁文化的制度基础，不仅反映了古代社会对廉洁的重视，也为今天的廉政建设提供了历史借鉴和文化支撑。

二、中华优秀传统廉洁文化典籍呈现的特点

　　中华优秀传统廉洁文化典籍呈现的特点是中华优秀传统文化的外显，同时，彰显其精神内涵。总结归纳中华优秀传统廉洁文化典籍呈现的特点，有助于传承和弘扬传统文化，还能为现代社会的廉政建设、道德教育和制度创新提供宝贵的历史经验和理论支持。中华优秀传统廉洁文化典籍呈现的特点主要包括以下方面：

（一）多样化的表现形式

　　广泛覆盖、多渠道传播、适应性强等多样化的表现形式作为中华优秀传统廉洁文化典籍呈现的重要特点，有助于不同背景、身份的个体、群体找到适合自己的廉洁文化载体，有助于增强对廉洁文化的认同感和接受度。因此，多样化的表现形式是中华优秀传统廉

洁文化的重要特点，同时有助于确保廉洁文化能够广泛传播、深入人心，具有强大的生命力和影响力。

中华优秀传统廉洁文化典籍呈现形式包括儒家经典、历史典籍、文人著作、官箴律例以及文学作品等多种形式，全面展示廉洁文化的丰富内涵。例如，儒家经典《论语》记录了孔子的言行，强调仁、义、礼、智、信等道德规范；《韩非子》通过寓言故事传递廉洁自律的价值观，生动有趣，易于传播和理解；《庄子》通过寓言和哲理故事，表达对廉洁、无私的推崇和对贪欲的批判；《史记·廉颇蔺相如列传》记录蔺相如不贪图私利、忠诚报国的故事；《资治通鉴》记载了历代廉洁官员的事迹，如"包拯不受私贿，清正廉明"的事例；《朱子家训》强调修身齐家治国平天下，注重廉洁自律和家庭教育，倡导清正廉明的家风；《颜氏家训》强调孝道、廉洁和勤俭，对后代进行道德教化和廉洁教育；《贞观政要》则是唐太宗与大臣讨论治国理政的记录，强调官员要廉洁奉公、不谋私利，制定了严明的官箴律例；《唐律疏议》作为唐代的法律汇编，详细规定了官员的行为规范和对贪污受贿的处罚措施，体现了法律对廉洁的制度保障；杜甫的《石壕吏》通过诗歌揭示官吏的腐败，呼吁社会关注廉政；《包公案》通过小说戏曲塑造了包拯这一清官形象，广泛传播了廉洁公正的观念，成为民间耳熟能详的清官典范。

总之，中华优秀传统廉洁文化典籍的多样化表现形式，涵盖了丰富的文体和媒介，多样化表现形式全面展示了中华优秀传统廉洁文化的丰富内涵和深远影响，使廉洁观念深入人心，广泛传播。

（二）深刻的道德教化

深刻的道德教化成为中华优秀传统廉洁文化的显著特点，不仅奠定了廉洁文化的基础，还确保其在历史和现实中的持续影响和传承。例如，《大学》作为儒家经典，强调修身齐家治国平天下的思想，强调通过对自身道德不断提升，个人才能治理好家庭和国家，体现了廉洁文化的核心价值观。《礼记》中的《礼运大同篇》描述了理想社会的礼法和伦理，强调社会治理需要建立在道德基础之上。礼法的教化作用不仅规范了个人行为，也为廉洁政治奠定了伦理基础。荀子在《荀子·劝学篇》中提到"君子之学也，入乎耳，著乎心，布乎四体，形乎动静"，强调学习和内化道德的重要性，主张通过法治和德治结合，确保社会廉洁和公正。吕不韦在《吕氏春秋》中提倡仁义治国，主张官员应具备高尚的道德品质和廉洁的作风。朱熹通过《朱子语类》传递他的理学思想，强调"为政以德"，提倡官员清正廉明，重视道德教育对官员廉洁自律的影响。

总之，深刻的道德教化作为中华优秀传统廉洁文化典籍呈现的特点，主要通过具体的故事和教诲，将廉洁文化融入日常生活和官场治理中，对个人行为和社会风气产生了深远的影响，不仅教育了当时的社会成员，也为后世提供了宝贵的道德指南。

（三）历史与现实相结合

历史与现实相结合是中华优秀传统廉洁文化典籍呈现的特点之一，即典籍中既有对历史上廉洁官员事迹的记录和颂扬，也有对当时社会不正之风的批评和反思，体现了对廉洁文化的持续关注和传承。

第一，通过记载和分析历史上廉洁官员的事迹，为后世提供了宝贵的历史经验。例如，《资治通鉴》不仅记录了历史事件，还为现实治理提供了借鉴，使历史教训得以在现实中应用。

第二，通过塑造廉洁官员的典型形象，如包拯、海瑞等，不仅在当时树立了道德榜样，也为后世官员提供了廉洁自律的模范。例如，《明史》中海瑞的故事对当代官员仍有教育意义，激励他们廉洁奉公。

第三，通过对古代廉洁文化的描述，与现实中的廉政建设形成对话。例如，《贞观政要》中唐太宗的治国理念与现代反腐倡廉工作有诸多相通之处，通过历史与现实的结合，传承和弘扬廉洁文化。

第四，通过对历史上贪污腐败现象的反思和典籍，警示现实中的官员和社会公众。例如，《明史》记载了明代中晚期的腐败问题，提醒当代社会吸取教训，防微杜渐。

第五，通过历史事件和人物传递出的廉洁价值观，在现实中仍然具有时代精神。例如，《朱子家训》中关于廉洁自律的教诲，对现代社会的道德教育依然具有指导意义。

典籍不仅描绘了廉洁官员的个人品德，还反映了当时的社会风气和治理模式。通过借鉴这些历史经验，现实中的公共治理可以更有效地塑造风清气正的社会环境。例如，《宋史》中记载的清官故事对现代社会倡导廉政有积极影响。

总之，历史与现实相结合是中华优秀传统廉洁文化典籍的一个重要特点，通过历史借鉴、典型人物、古今对话、制度创新、反思警示、道德价值和社会风气的结合，廉洁文化在现实中得以传承和发展，具有深远的现实指导意义。

（四）强烈的艺术感染力

强烈的艺术感染力是中华优秀传统廉洁文化典籍呈现的特点之一，即通过生动的语言、感人的情节和形象的比喻，激发读者的情感共鸣，使廉洁观念深入人心。例如，《桃花扇》这部戏剧通过侯方域和李香君的爱情故事，反映了南明末年社会的腐败和清官的廉洁精神，其中李香君为维护清白，不惜牺牲自己，象征着廉洁自守和忠诚坚贞，深深打动了观众。蒲松龄在《聊斋志异》中通过奇幻故事和鬼怪传说，揭示了社会的不公和官场的腐败，如《促织》篇通过一个小故事讽刺了官场中的贪污腐败和官员的不廉洁，读来发人深省。王实甫的《西厢记》中不仅有爱情故事，还通过人物对话和情节发展，展现了社会的清廉与腐败。在《红楼梦》中，贾雨村起初是个贫困的读书人，但在官场得势后变得贪婪腐败，这一角色通过其堕落的过程揭示了官场腐败的危害和廉洁的重要性。作者曹雪芹通过细腻的描写，强烈地感染了读者，激发对廉洁的思考。吴敬梓在《儒林外史》中通过对科举制度和官场生活的讽刺，描写了许多清官廉吏和贪官污吏，通过他们的对比，塑造了许多忠诚廉洁的学者形象，通过他们的清廉和正直，深刻批判了贪污腐败现象，给读者以强烈的艺术感染力。李宝嘉的《官场现形记》通过对晚清官场的描写，揭示了官场中的腐败现象。书中的故事生动形象，语言辛辣幽默，激发了读者对廉洁政治的深刻反思。

总之，中华优秀传统廉洁文化的典籍呈现展示了强烈的艺术感染力，通过生动的语言、感人的情节和形象的比喻，激发读者的情感共鸣，使廉洁观念深入人心。

（五）制度保障的强调

制度保障的强调作为中华优秀传统廉洁文化典籍呈现的特点之一，即在官箴和律例中，通过制度化和法制化的手段，明确规定官员的行为规范和惩戒机制，确保廉洁文化的落实和执行。例如，作为中国古代早期的重要典籍,《尚书》中多次提到官员的行为规范和治理原则。如《洪范》篇提到"五福六极"中的"廉洁"作为治国的基础,明确官员应遵守的行为准则;《礼记·曲礼上》中详细规定了官员的礼仪和行为规范,强调礼法在政治治理中的作用,确保官员行为的规范化和廉洁性;《周礼》中详细规定了周代官员的品级、职责、考核标准等,通过严格的制度设计,确保官员廉洁自律;而作为兵家经典的《六韬》中,不仅讲述了军事策略,还强调将帅和官员要廉洁自律;《大戴礼记》中的《保傅》篇明确了官员的教育职责和道德标准,强调官员在治理国家时必须廉洁自律,通过礼制保障廉洁文化的落实。作为《二十四史》之一的《周书》,如《周书·卷四十九·王肃传》中记载了王肃推行的廉洁政策,通过制度化的手段保证官员廉洁自律;作为宋代重要的法律典籍,《宋刑统》详细规定了官员贪污受贿的惩罚措施,形成了完整的法律体系,确保官员行为的规范性和廉洁性。

总之,制度保障的强调作为中华优秀传统廉洁文化典籍中呈现的特点之一,通过明确的制度设计和法律规定,确保廉洁文化的落实和执行,有效规范了官员的行为,防止贪污腐败现象的发生,具有重要的历史与现实意义。

(六)广泛的社会影响

广泛的社会影响作为中华优秀传统廉洁文化典籍呈现的特点之一,即通过文学作品和寓言故事的广泛传播,廉洁文化不仅在官方层面得到重视,也在民间广泛传播,形成了全民认同和追求的社会风尚。以《三字经》为例,作为儿童启蒙读物,《三字经》不仅传授基础知识,还通过简短易懂的文字传递廉洁自律等道德观念。例如，《三字经》中的"为人子，方少时，亲师友，习礼仪"，强调了孝道和廉洁，而这些理念很早就在民间广泛传播，深深影响了一代又一代人。《幼学琼林》通过生动的故事和寓言教育孩子们各种传统美德，包括廉洁和诚信。例如，书中讲述了许多廉洁官员的故事，孩子们从小阅读这些故事，接受廉洁文化的熏陶。《二十四孝》虽然主要讲孝道，但也包含廉洁内容。例如，故事中许多孝子在成为官员后，仍保持清廉之风。这些故事在民间广泛流传，教导人们廉洁不仅仅是官员的责任，也是每个人应遵守的道德准则。《增广贤文》通过简短的谚语和格言，广泛传播廉洁、自律等传统美德。例如，"千里送鹅毛，礼轻情意重"等讲述了廉洁奉公的重要性，且这些言简意赅的格言在民间口耳相传，影响深远。《东周列国志》通过讲述东周列国的历史故事，传递了许多廉洁自律的价值观。《醒世恒言》中作者冯梦龙通过市井故事的形式，揭示了社会的廉洁和腐败现象。《警世通言》则通过寓言和警示故事，传播廉洁自律的价值观。可见，广泛的社会影响作为中华优秀传统廉洁文化典籍呈现的特点之一，通过广泛传播，在官方和民间形成了共同的价值追求和社会风尚，廉洁观念深入人心，成为社会道德的重要组成部分。

总之，中华优秀传统廉洁文化典籍通过多样化的表现形式，展现了其丰富的文化内涵；深刻的道德教化传递了廉洁自律、公正无私的价值观；历史与现实相结合使其具有持续的传承性和现实指导意义；强烈的艺术感染力通过生动的语言和感人的情节激发情感共鸣；制度保障的强调通过明确的行为规范和惩戒机制来确保廉洁文化的落实；广泛的社会影响通过文学作品和寓言故事的传播，廉洁文化深入人心，形成了全民认同和追求的社会风尚。

三、中华优秀传统廉洁文化典籍呈现的意义

中华优秀传统廉洁文化典籍在传承文化精髓、提升社会道德水平、增强文化自信以及为当代廉政建设提供镜鉴等方面具有重要意义，为实现廉洁社会提供了宝贵的思想资源和精神内核。

（一）传承文化精髓

中华优秀传统典籍通过记载和传承廉洁思想，保留了中华文化的核心价值，确保后代能够继续学习和践行廉洁自律、公正无私的道德准则，不仅保存了古代社会的廉洁理念，还通过教育和引导，使这些理念在后世得以延续和发扬，成为中华文化的重要组成部分。例如，作为儒家经典，《大学》中强调的"修身、齐家、治国、平天下"理念，体现了个人道德修养与国家治理的紧密联系，对历代官员的行为产生了深远影响。商鞅在《商君书》中主张通过严格的法制建设，确保国家的廉洁和效率。《管子·牧民篇》中提到"廉洁者富，贪污者贫"，强调了廉洁对国家繁荣的重要性。孟子在《孟子》中提出了"仁政"理念，强调"君子不立危墙之下"，倡导廉洁自律，防止贪污腐败。唐玄奘在《大唐西域记》中记录了他在印度及中亚地区的所见所闻，介绍了这些地方的政治、经济、文化情况，并指出了其中的廉洁治理经验。葛洪在《抱朴子》中讨论了修身养性的道理，强调了个人廉洁对家庭和社会的影响。

总之，通过保留和传播古代社会的廉洁理念，中华优秀传统廉洁文化典籍确保了廉洁自律、公正无私等核心价值观的延续和发扬，

使廉洁文化成为社会道德和政治制度的重要组成部分，推动了社会的和谐与进步。

（二）提升社会道德水平

中华优秀传统典籍通过深刻的道德教化，对社会成员进行有效的道德教育，促进全社会形成良好的道德风尚和廉洁氛围，有效提升社会整体的道德水平，推动社会的和谐与进步。例如，《弟子规》以简明扼要的句子教导人们如何在日常生活中践行孝道、友爱、勤俭等美德，如书中"亲爱我，孝何难；亲憎我，孝方贤"的句子，强调即使在逆境中也要保持孝心和道德操守，广泛传播并深刻影响了人们的道德观念。《千字文》不仅教授基础知识，还传递了许多道德观念和廉洁理念，如"荣华富贵，若长命，死生以为常"，提醒人们要看淡名利，保持廉洁自律。王充的《论衡》通过理性分析和批判思维，探讨了伦理和道德规范的重要性，如书中提到"政在得人，廉洁为本"，强调官员的廉洁对于国家治理和社会道德的重要性，通过这种理性的教化，提升了社会整体的道德水平。作为儒家经典之一，《小学》主要用于儿童的早期道德教育，书中充满了关于孝道、友爱、诚信等美德的教诲，如"善学者，师逸而功倍，教者忌其繁也"，强调简洁有效的教育方式，通过这种方式，广泛提升了社会的道德水平。《礼运大同篇》描绘了一个理想的"大同社会"，其中人民平等、官员廉洁、社会和谐，通过这种理想的描绘，激励人们追求更高的道德标准和社会公正。

总之，通过道德教化、伦理规范和行为准则的传播，中华优秀传统廉洁文化典籍有效教育和引导社会成员，倡导廉洁自律、公正无私等核心价值观，提升了社会整体的道德水平，促进了社会的和谐与进步。

（三）增强文化自信

中华优秀传统典籍通过展示中华文化的廉洁传统，通过对历史、医学、哲学、军事、文学、科技和地理的深刻理解和阐述，使人们更加自信于中华文化的独特性和深厚底蕴，增强了民族文化自信，使人们更加珍视和自豪于自身文化遗产的丰富性和深厚性。例如，作为中国历史上最早的编年体史书之一，《春秋》由孔子修订，以简练的语言记录了春秋时期的重大事件，其对政治和道德的高度重视，使得读者在了解历史的同时，深刻感受到中华文化的独特魅力和深厚底蕴，增强了文化自信。《黄帝内经》作为医学经典，不仅是中医学的重要典籍，还蕴含了丰富的哲学思想和养生理念，通过对人体、健康和疾病的深刻理解，展现了中国古代对生命科学的高度认知，使读者为中华文化的博大精深感到自豪。老子的《道德经》以其深邃的哲学思想和简洁的语言风格，传递了"无为而治""道法自然"等理念，不仅在中华文化中占据重要地位，在国际上也广受认可，增强了中华民族的文化自信。作为兵家经典的《孙子兵法》不仅在中国历史上影响深远，在世界范围内也被广泛研究和应用，其战略思想和军事智慧展示了中华文化的独特性和前瞻性，使人们对中华文化充满自信。刘勰的《文心雕龙》是中国古代文学理论的奠基之作，系统阐述了文学创作的原则和艺术标准，展示了中华文化的深厚底蕴，增强了文化自信。宋应星的《天工开物》被誉为"中国17世纪的工艺百科全书"，该书详细记录了当时的农业、手工业和矿业技术，展示了古代中国在科学技术方面的卓越成就，增强了人们对中华文化的自信心。郦道元的《水经注》详细描述了中国古代的河流地理和自然景观，其以严谨的科学态度和丰富的地理知识，展示了中华文化在地理学方面的成就，增强了文化自信。

总之，中华优秀传统廉洁文化典籍通过展现各领域的杰出成就和深厚底蕴，如历史、医学、哲学、军事、文学、科技和地理等，充分展示了中华文化的独特魅力和智慧，使人们更加自豪于自己的文化遗产，增强了民族的文化自信和认同感。

（四）为当代廉政建设提供镜鉴

中华优秀传统廉洁文化典籍在不同历史时期的廉政思想和实践，通过这些具体的历史镜鉴，为当代廉政建设提供了丰富的思想资源和宝贵的经验教训，能够有效构建廉洁高效的治理体系。例如，《尚书·尧典》描述了尧帝将帝位禅让给德才兼备的舜，体现了选贤任能的政治理念的同时，尧舜的廉洁和公正也为当代廉政建设提供了重要启示，即通过选拔和任用德才兼备的人才，促进廉政和社会公平。管子在《牧民篇》中说："治国之道，必先治官；治官之道，必先治心"，强调治理国家必须先治理好官员，而治理官员则必须先治理他们的心性，强调官员的廉洁自律和道德修养，对现代反腐倡廉工作具有借鉴意义。《六韬·文韬》中姜子牙论述了将帅应具备的品质，其中强调了廉洁的重要性，认为廉洁的将帅能够带动整个军队的廉洁风气，对现代领导干部廉洁自律、率先垂范具有重要启示。墨子在《尚贤》中提到，国家应当重视选拔贤能之士，才能实现廉政。墨子的思想为现代选拔干部、任人唯贤的廉政建设策略提供了重要参考。吕不韦在《慎小篇》中强调，小事不谨慎处理，可能酿成大错，提醒治理者要防微杜渐，从细微之处入手防止腐败，对现代廉政建设中的细节管理和预防性反腐有重要借鉴意义。《汉书·朱云传》中朱云在汉成帝面前直言进谏，揭露朝廷的贪污腐败，冒死力争，最终感动了汉成帝，促进了当时的政治清明，为当代反腐倡廉中的言路畅通、鼓励直言进谏提供了有力的历史借鉴。可见，中华优秀传统廉洁文化典籍通过记录和阐述历史上廉洁政治的理念和实践，如选贤任能、防微杜渐、简政放权、勤政爱民等，为现代反腐倡廉工作提供了丰富的思想资源和宝贵的历史经验，能够有效构建廉洁高效的治理体系，促进社会的公平正义。

　　总之，通过传承文化精髓、提升社会道德水平、增强文化自信以及为当代廉政建设提供镜鉴，中华优秀传统廉洁文化典籍不仅保存和传播了廉洁自律、公正无私等核心价值观，还在现代社会中发挥着重要的教育、指导和借鉴作用，推动了社会的和谐、公平与进步。

第四章
中华优秀传统廉洁文化的价值维度

　　价值维度是用来分析和理解某一事物或现象的不同方面和层次的概念框架，有助于多角度、多层面去评估事物的内在价值和外在影响，通常包括经济、社会、文化、历史等不同层面的内容。通过这些维度，有助于全面、系统地理解和评估事物的意义和价值。中华优秀传统廉洁文化的价值维度是从不同层面和角度分析和理解这一文化现象的框架，主要包括文化属性、社会功能和历史传承三个维度。

一、文化属性：中华优秀传统廉洁文化的核心

　　文化属性是指中华优秀传统廉洁文化体现了中华文化的核心价值观，如廉洁自律、公正无私、勤政爱民等，通过道德教化和文化认同增强了民族的文化自信和认同感。文化属性作为廉洁文化的核心，体现了廉洁自律、公正无私、勤政爱民等核心价值观，形成了中华文化的重要精神财富。这些价值观深深植根于中国传统文化中，成为社会行为规范和道德标准的重要组成部分。

（一）体现核心价值观

廉洁文化体现了中华文化的核心价值观，如廉洁自律、公正无私、勤政爱民等。这些价值观深深植根于中国传统文化中，成为中华民族的重要精神财富。例如，作为中国古代的编年体史书，《左传》记录了许多关于官员廉洁自律的故事。如鲁国大夫臧文仲以清廉著称，在任期间严格自律，不谋私利，赢得了民众的尊敬和信任，成为后世官员学习的榜样。《战国策》中燕国的相国郭隗，公正无私，在选拔和任用人才时，不徇私情，只依据才能和品德行事，为燕国的强盛作出了巨大贡献。《汉书》中记载了汉朝丞相萧何，在汉高祖刘邦手下尽心竭力，处理国家大事，积极推进法治和农业发展，深受百姓爱戴。《后汉书》中记载了东汉时期的范滂，廉洁自守，为官期间不收受任何贿赂，坚持原则，不畏强权，为百姓办实事，深受民众敬仰。《魏志》中记载了魏国名将邓艾，他公正廉明，公平地对待每一个士兵，注重将士的福祉，赢得了部下的忠诚和信任。《晋书》中记载了晋朝名相谢安，勤政廉洁，在朝中处理政务勤勉尽责，从不谋取私利，赢得了皇帝和百姓的信任和尊重。

总之，上述例子展示了中华优秀传统廉洁文化如何通过具体历史人物和事迹，深刻体现了廉洁自律、公正无私、勤政爱民等核心价值观，成为中华民族的重要精神财富和道德准则。

（二）规范道德教化

廉洁文化通过儒家经典、文人著作等形式，传递道德教化的理念，培养个人的廉洁品质和道德修养，使之成为社会行为规范的重要组成部分。例如，作为儒家经典之一，《中庸》强调"君子素其位而行，不愿乎其外"，认为君子应在自己的位置上尽职尽责，不应贪图不属于自己的利益，传递了廉洁自律的重要理念。《孝经》强调"夫孝，德之本也"，通过对孝道的推崇，培养人们的廉洁自律和忠诚，形成良好的社会风气。王充的《论衡》通过理性分析和批评社会现象，传递了许多廉洁自律的理念。荀子的《劝学篇》强调"不积跬步，无以至千里；不积小流，无以成江海"，教导人们要通过日积月累的道德修养，形成廉洁自律的品格。作为中国古代哲学的代表作，《周易》提出"君子以自强不息"，强调君子应不断提升自己，保持廉洁和正直的品质。而萧统编纂的《文选》收录了大量古代文人的诗文，充满了对廉洁自律和道德修养的赞美，如李白的诗歌中多次提到官员应保持清廉，杜甫的诗中则对贪污腐败进行了批评和讽刺。

总之，这些例子展示了中华优秀传统廉洁文化如何通过儒家经典、文人著作等形式，规范道德教化，培养个人的廉洁品质和道德修养，促进社会的和谐与进步。

（三）增强文化认同

廉洁文化增强了人们对中华文化的认同感和自豪感，通过文学、历史、哲学等多方面的呈现，廉洁成为社会共可认同的文化标志。例如，庄子的《逍遥游》《庖丁解牛》等篇章，通过寓言故事和哲学思考，提倡清心寡欲、廉洁自守，不仅影响了道家文化，也广泛传播到民间，增强了人们对廉洁文化的认同。刘安及其门客所著的《淮南子》，结合了道家、儒家和法家的思想，提出了很多关于廉洁自守和为政清廉的观点，如《人间训》篇中提到官员必须廉洁自律，才能赢得民众的信任和尊敬，这些思想在社会上广泛传播，增强了文化认同。班固的《汉书》详细记载了汉朝的历史和官员的廉洁事迹，不仅赢得了民心，也增强了后世对廉洁文化的认同。《左传》记录了晋国的赵盾因其廉洁奉公、严格自律而被后世传颂。《周礼》详细规定了周代的官员制度和礼仪规范，强调官员必须清廉公正，增强了人们对廉洁文化的认同。北魏时期的历史书《魏书》，详细记录了许多廉洁官员的事迹，如名将杨大眼以其清正廉明闻名的事迹，增强了社会对廉洁文化的认同。

总之，这些例子展示了中华优秀传统廉洁文化通过多方面的呈现，增强了人们对中华文化的认同感和自豪感，廉洁成为社会共同认可的文化标志。

二、社会功能：中华优秀传统廉洁文化的体现

社会功能作为廉洁文化的现实体现，通过法律法规、官箴律例等规范社会行为，提升社会整体的道德水平，促进社会的和谐与稳定。廉洁文化在社会治理、教育引导等方面发挥着重要作用，直接影响并改善现实社会的运行和秩序。

（一）规范社会治理

廉洁文化为社会治理提供了规范，通过法律法规、官箴等形式，明确官员和公众应遵循的行为准则，促进廉洁自律，减少腐败现象。例如，《三国志·诸葛亮传》中提到，诸葛亮在蜀汉实行严格的官吏考核制度，并亲自巡视各地，大大减少了蜀汉的贪污腐败现象。明代编纂的《大明律》，明确规定了对贪污、受贿等行为的严厉处罚，形成了系统的廉政法规，规范了官员的行为，促进了社会治理的廉

洁性。《尚书·君陈》中详细列举了官员应遵循的道德和行为规范，强调官员必须忠诚、公正、廉洁，不能谋取私利，成为社会治理的重要规范。《汉书·萧何传》中记载，萧何制定了一系列法律法规，规范官员行为，严惩贪污腐败，为汉朝的稳定和发展奠定了基础。《新唐书》中欧阳修记录了唐代官员的考核制度，确保了官员的廉洁，减少了腐败现象。《大唐六典》这部唐代的行政法规，详细规定了各级官员的职责和行为规范，成为社会治理的重要依据。唐太宗时期制定的《贞观律》，详细列出了官员必须遵守的行为准则和廉洁规范，确保了官员的廉洁自律，减少了腐败现象。

总之，这些例子展示了中华优秀传统廉洁文化如何通过法律法规和官箴等形式，为社会治理提供了规范，明确官员和公众应遵循的行为准则，促进廉洁自律，减少腐败现象，提升了社会治理的有效性和公正性。

（二）促进社会和谐

廉洁文化的传播有助于构建诚信、公正的社会环境，提升社会整体的道德水平，增强社会凝聚力，促进社会和谐与稳定。例如，作为中国最早的诗歌总集，《诗经》中许多篇章歌颂了诚信和公正的品质，其中《大雅·烝民》提到"靡不有初，鲜克有终"，强调人们应始终保持诚信和公正。平原君赵胜在治理国家时，注重廉洁自律，任用贤能，避免了贪污腐败现象，《战国策》中记载了他的廉政措施，使得赵国在他的治理下，社会安定，人民生活和谐，国家得以强盛。《史记·廉颇蔺相如列传》中记载，蔺相如与廉颇齐心协力，共同维护国家利益，增强了赵国的凝聚力，促进了社会的和谐与稳定。

总之，这些例子展示了中华优秀传统廉洁文化通过传播诚信、公正的价值观，提升了社会整体的道德水平，增强了社会凝聚力，促进了社会和谐与稳定。廉洁文化的广泛传播，使得社会环境更加诚信和公正，为构建和谐社会提供了重要保障。

（三）实现教育引导

廉洁文化通过教育体系和社会宣传，对官员和公众进行道德教育和廉政培训，培养廉洁意识，树立廉洁榜样，发挥着重要的教育引导作用。例如，《弟子规》中强调尊敬长辈、友爱兄弟、诚信待人等美德，在家庭和学校中广泛传播，对儿童进行早期的廉洁教育，培养他们的廉洁意识。《幼学琼林》通过生动的故事和寓言教育孩子们各种传统美德，包括廉洁和诚信，孩子们通过阅读这些故事，接受廉洁文化的熏陶。《增广贤文》通过"千里之行，始于足下""近朱者赤，近墨者黑"等简短的格言的口口相传，在社会上广泛传播，教育人们保持廉洁自律。清代皇帝康熙编纂的《御制历代君臣事迹》，通过记录历代君臣的廉洁事迹，对清代官员进行教育，康熙在序言中强调学习前人廉洁榜样，以提高自己的道德修养和治理水平。

总之，这些例子展示了中华优秀传统廉洁文化通过教育体系和社会宣传，对官员和公众进行道德教育和廉政培训，培养廉洁意识，树立廉洁榜样，发挥了重要的教育引导作用。通过这种系统的教育和宣传，廉洁文化得以在全社会广泛传播和深入人心。

三、历史传承：中华优秀传统廉洁文化的纽带

历史传承作为廉洁文化的纽带，通过记录和传递廉洁思想和实践，保持文化的连续性。廉洁文化在不同时代背景下的持续发展和创新，确保了廉洁理念的延续，成为连接古今的重要桥梁。

（一）提供历史借鉴

廉洁文化在历史上积累了丰富的经验和教训，通过典籍的记载和传承，为当代廉政建设提供了宝贵的历史镜鉴，具有重要的参考价值。例如，司马迁在《史记》中详细记载了秦朝丞相李斯的生平及其最终因贪腐被处死的教训，为当代官员敲响警钟，提醒他们廉洁自律的重要性。《汉书·王莽传》记录了王莽在执政期间实施了一系列廉政改革措施，如重新分配土地、严格管理官员财产等，虽然最终失败，但他的廉政理念和实践为后世提供了有益的参考。《新唐书·狄仁杰传》记录了狄仁杰清正廉明的事迹，他在任期间积极打击贪污腐败，严惩贪官污吏，严格执法，为当代廉政建设树立了榜样。《资治通鉴·贞观之治》中司马光详细描述了唐太宗李世民在位期间推行的廉政政策，如选贤任能、惩治贪腐等，创造了"贞观之治"的盛世局面，为当代廉政建设提供了宝贵的历史借鉴。《三国志·诸葛亮传》记录了诸葛亮的清廉事迹，成为后世官员学习的典范。《明史·海瑞传》记录了海瑞直言反对皇帝的奢侈生活，坚持自己的廉政信念，为当代官员提供了学习的榜样。《宋史·包拯传》详细记载了包拯的事迹，展示了他如何通过实际行动维护社会公平正义，为当代廉政建设提供了宝贵的历史经验。

总之，这些例子展示了中华优秀传统廉洁文化通过典籍记载和传承，为当代廉政建设提供了宝贵的历史镜鉴。这些历史经验和教训具有重要的参考价值，有助于现代社会在反腐倡廉方面汲取智慧，制定更加科学有效的廉政措施。

（二）达成传统延续

廉洁文化通过代代相传的经典著作和历史记载，延续了中华民族的优良传统，使廉洁自律成为历久弥新的道德追求和社会共识。例如，《左传·子产论政宽猛》中记载，子产治理郑国期间，坚持廉洁奉公，关心民生，不谋私利，其治理方式被后世效仿，成为官员清廉治理的典范。《礼记·大学》指出："自天子以至于庶人，壹是皆以修身为本"，强调通过经典的传承，代代相传，成为历代官员廉洁自律的道德准则。《周易》作为中国古代哲学的代表作，"君子以自强不息""君子坦荡荡，小人长戚戚"，强调君子应不断提升自己，保持廉洁和正直的品质，通过经典传承，延续至今。《孝经》云："夫孝，德之本也"，强调孝道是道德的根本，通过代代相传，孝道和廉洁成为社会的普遍价值。刘安在《淮南子·修务训》中说"清心寡欲，修身以道"，通过历史传承，成为历代官员的行为准则，延续了廉洁文化的传统。《后汉书·杨震传》记载，东汉时期的杨震在拒绝贿赂时说："天知、地知、你知、我知，何谓无知"，成为廉洁自律的经典传说，传承至今，成为历代官员廉洁自守的榜样。

总之，这些例子展示了中华优秀传统廉洁文化通过经典著作和历史记载，代代相传，延续了中华民族的优良传统，使廉洁自律成为历久弥新的道德追求和社会共识。通过这种传统的延续，廉洁文化在不同历史时期不断得到传承和发扬。

（三）推动文化创新

廉洁文化在历史传承中不断创新，适应不同历史时期的社会需求，为现代社会注入新的文化内涵，推动廉政理念不断发展和完善。例如，唐朝编纂的《唐律疏议》不仅是中国古代最完备的法律典籍之一，也体现了廉政理念的创新，在法律体系中强化了廉政建设，适应了当时的社会需求。明朝时期的《明会典》详细规定了官员的考核和监察制度，强化了对官员的廉政要求，设置了巡按制度，派遣特派员巡视各地，监察地方官员的行为，提高了政府的廉政效率，防止了地方官员的贪污腐败。清朝编纂的《清实录》记录了清代历朝皇帝的施政情况，特别是乾隆时期通过一系列廉政措施来提高行政效率，如推行"奏折制度"，让官员直接向皇帝报告工作，避免了中间层级的腐败。岳飞在家书中多次提到"文官不爱钱，武官不惜死"，通过家庭教育传递廉洁理念，适应了当时的社会需求，推动了廉洁文化的发展。宋代朱熹和吕祖谦编撰的《近思录》结合了儒家、道家和佛家的思想，提出了一系列新的道德准则，强调廉洁自律和道德修养，提到"正心、修身、齐家、治国、平天下"的理念，推动了廉洁文化在理学中的创新发展。编撰于民国时期的《清史稿》记录了清末新政中的廉政改革措施，如光绪年间实施的"新政"中，推行了官员财产申报制度，要求官员公开自己的财产状况，以防止贪污腐败，适应了现代社会对透明度和廉洁度的要求。清代画家和文学家郑板桥以其诗文中体现的廉洁精神著称，在《郑板桥诗文集》中多次讽刺贪官污吏，呼吁官员廉洁自律，推动了廉洁文化在文学领域的创新和发展。

可见，这些例子展示了中华优秀传统廉洁文化在不同历史时期的创新实践，通过法律、行政、制度、道德、理学、改革和文学等多方面的创新，适应了社会发展的需求，为现代社会注入了新的文化内涵，推动了廉政理念的不断发展和完善。

　　总之，文化属性是廉洁文化的核心，社会功能是其现实体现，历史传承是其延续纽带。这三个维度共同构成了中华优秀传统廉洁文化的价值体系，全面展示了其丰富内涵和重要意义。

第五章
新时代中华优秀传统廉洁文化的全新风貌

中华优秀传统廉洁文化源远流长，蕴含了丰富的道德伦理和社会治理智慧。在新时代背景下，中华优秀传统廉洁文化不仅保留了其核心价值观，还通过创新发展与现代社会需求相结合，满足了时代的要求，并体现了中华民族的精神风貌，不仅具有历史传承意义，更具现实指导意义，为新时代的社会建设和国家治理提供了强有力的文化支持。新时代中华优秀传统廉洁文化是对传统文化精髓的继承和创新，体现了时代的要求和民族精神的新风貌。

一、新时代中华优秀传统廉洁文化发展的新特点

新时代中华优秀传统廉洁文化在继承传统精髓的基础上，通过多方面的创新和发展，展现出全新的风貌。新时代中华优秀传统廉洁文化的新特点主要集中在以下几个方面：

（一）传播多样化

党的十八大以来，中华优秀传统廉洁文化借助新时代国内外新技术、新媒体、新平台、新手段，更加生动、立体、交互、多维地

展现在大众面前。通过影视、文学、艺术、互联网、社交媒体等多种形式，廉洁文化不仅得以广泛传播，还增加了受众的参与感和互动性。虚拟现实（VR）、增强现实（AR）等新技术的应用，使得廉洁文化的传播更加生动形象、深入人心。例如，近年来一些反映廉洁文化主题的影视作品如《廉吏于成龙》《坚如磐石》《猎狐》《双陷之陷》《扫黑行动》《人民的名义》《廉政风云》等，通过生动的剧情和深刻的主题，引起了广泛关注和讨论，增强了观众对廉洁文化的认同感。此外，一些文学作品如《卷尺》《金鱼》《小人儿》《天下人心》《追问》等借助互联网平台迅速传播，吸引了大量读者。此外，廉洁文化主题的艺术展览通过绘画、雕塑、装置艺术等形式展现廉洁精神，如恭王府博物馆廉洁文化教育主题展通过"中华传统廉洁文化""廉洁奉公的反面典型——和珅"和"坚定理想信念，保持廉洁本色"三个单元，阐释了中华传统廉洁文化精华，宣传新时代党风廉政建设和反腐败斗争成果，通过正面引导与反面警示相结合，弘扬社会主义核心价值观，培育廉荣贪耻、清正廉洁的社会风气。① 同时，一些地方政府和文化机构利用 VR、AR 技术打造廉洁文化体验馆，如 2023 年四川省纪委监委"云"上廉洁展厅在"廉洁四川"网站和微信公众号正式上线，包括天府家风馆在内的首批 14 个省级廉洁文化基地全景呈现，党员干部群众通过手机即可实现线上参观"打卡"。②

　　总之，借助多样化的传播方式，中华优秀传统廉洁文化不仅得

---

　　① 周祎：《"廉洁文化的研究与传播——以恭王府博物馆廉洁文化教育主题展为例"主题研讨会召开》，中华人民共和国文化和旅游部 2024 年 5 月 23 日。

　　② 《VR 全景技术　打造"永不闭馆"的廉洁文化基地》，"廉洁四川" 2023 年 9 月 18 日。

以更广泛、更深入地传播，还增强了其在现代社会中的吸引力和影响力。新技术和新平台的应用，使廉洁文化传播更加生动、立体，并促进了大众对廉洁文化的认同和参与，为新时代廉洁文化的发展提供了强有力的支持。通过这些创新传播方式，廉洁文化在新时代焕发出新的生命力，成为社会风尚的重要组成部分。

（二）教育融合化

新时代中华廉洁文化教育逐渐融入学校教育体系，从小学到大学，廉洁教育贯穿始终，培养青少年的廉洁意识。各级学校通过设置相关课程、组织主题活动、编写廉洁读本等，将廉洁文化教育纳入学生的日常学习和生活中，帮助他们树立正确的价值观和道德观。

首先，设置相关课程。党的十八大以来，我国许多中小学开设了以廉洁为主题的德育课，通过故事讲解、案例分析等，向学生传递廉洁自律的理念。例如，2024年长沙市实验小学，通过国旗下讲话、主题队会、故事会、演讲、绘画、书法、手抄报等形式，将清廉文化建设融入学校发展全过程同时，以思政课程为突破口，拓展延伸课程思政内容。[①] 武汉市第三十二中学结合校内外资源，将清廉文化融入课程，旨在让清廉之风沐浴校园。[②]

其次，组织主题活动。近年来全国各地的学校经常组织廉洁文化主题的演讲比赛、辩论赛、征文比赛等。例如，南华大学举行"廉洁文化宣传月"系列活动之"廉洁从教"主题演讲比赛，旨在

---

① 陈集祥：《长沙市实验小学：以荷育美 "廉"润童心》，"清廉长沙"2024年3月13日。

② 《清风沐桃李 廉洁润校园》，"武汉发布"2023年11月27日。

弘扬社会主义核心价值观，擦亮清廉底色，推动廉洁文化教育融入教育教学全过程、全方面，办好人民满意的教育。① 同时，很多学校组织学生参观廉政教育基地，如山西财经大学组织学生赴山西党风廉政教育基地开展主题教育活动，让学生通过实地参观，深刻理解廉洁的重要性。②

最后，编写廉洁读本。教育部门和学校合作编写了适合不同年龄段的廉洁教育读本。例如，贵州省教育厅党组和省纪委监委派驻第十一纪检监察组一起，组织编写《新时代小学生廉洁教育》《新时代中学生廉洁教育》《新时代大学生廉洁教育》三册指导用书，并在全省 9 个市州 582 所学校、303 个教学点开展试教试用。③

总之，这些举措不仅使廉洁文化教育更加系统化、规范化，还能帮助学生在日常学习和生活中内化廉洁意识，形成正确的价值观和道德观，成为新时代的廉洁公民。

（三）廉政制度化

政府和社会各界不断完善廉政制度，形成制度化、规范化的廉洁文化建设体系。通过建立健全各级党政机关和公职人员的廉政责任制、完善公务员的廉洁考核机制、建立廉政举报平台等措施，推动廉洁文化的制度化建设，确保廉洁文化的贯彻落实。

---

① 《南华大学 2024 年"廉洁从教"主题演讲比赛举行》，"华声在线"2024 年 5 月 28 日。

② 《行走的思政课　让廉洁种子在学生心中扎根——我校组织学生党员赴山西党风廉政教育基地开展主题活动》，山西财经大学纪委 2023 年 11 月 6 日。

③ 《贵州：编写指导用书推动清廉学校建设出实效》，中央纪委国家监委网站 2023 年 4 月 30 日。

首先，建立健全各级党政机关和公职人员的廉政责任制。各级党政机关推行"一岗双责"制度，即每个岗位不仅要负责业务工作，还要承担相应的廉政建设责任。例如，广东省出台了《广东省党政领导干部廉政守则（试行）》①，明确规定领导干部在履行职责过程中必须遵守廉洁自律规范，承担起所在单位的廉政建设责任。浙江省出台了《关于规范领导干部廉洁从政从业行为　进一步推动构建亲清政商关系的意见》，明确了领导干部严禁违规经商办企业或者从事其他营利性活动，严禁不当政商和社会交往行为，严禁离职或者退（离）休后在规定期限内违规从事相关活动等"五个严禁"。②

其次，完善公务员的廉洁考核机制。许多地方完善了公务员的廉洁考核体系，将廉洁表现纳入公务员的绩效考核。例如，青海省西宁市城西区不断优化完善公务员考核体系、考核方式和结果运用，注重考实考准公务员德、能、勤、绩、廉各方面表现，做到见人见事、群众公认，切实发挥考核"指挥棒"作用。③ 将廉洁从政情况作为考核的重要指标，考核结果直接影响公务员的晋升和奖惩。同时，廉洁考核结果将作为干部任用的重要依据。例如，西双版纳勐海县委印发《2023年度全县党风廉政建设责任制检查考核实施方案》，对考核时间、考核对象、考核方式、考核程序以及等次评定、成果运用等内容进行了明确；并召开检查考核工作动员会，进行"考前"全面部署，组织考核组成员开展"考前"培训，帮助准确

① 《广东省党政领导干部廉政守则（试行）》，"潮邑清风"2020年7月17日。

② 颜新文、杨文虎、张东红：《着力规范领导干部廉洁从业行为》，《中国纪检监察报》2022年5月25日。

③ 《西宁市城西区：多措并举做好公务员考核工作》，《青海日报》2024年5月31日。

把握检查考核的重点，着力提高发现问题的能力。①

最后，建立廉政举报平台，方便群众举报不廉洁行为。例如，陕西持续深化检举举报平台应用，让检举举报的受理渠道更加畅通、办理程序更加规范、处置反馈更加及时、监督效能持续释放；全省共有 2800 个部门（单位）在使用检举举报平台，处置子平台签收率和反馈率分别达到 99.64%、89.29%。② 同时，《纪检监察机关处理检举控告工作规则》既对诬告陷害行为作出明确界定，又明确对诬告陷害的严肃处理，同时为被诬告陷害的党员干部建立健全澄清正名机制。全国各级纪检监察机关 12388 举报网站，已经增加诬告陷害相关纪律和法律责任提示功能，"检举、控告、申诉人在检举、控告、申诉活动中必须对所检举、控告、申诉事实的真实性负责……如有诬陷、制造假证行为，必须承担纪律和法律责任"。③

总之，这些措施通过制度化、规范化的廉洁文化建设体系，确保了廉洁文化在政府和社会中的贯彻落实，使廉洁从政成为一种自觉行动和社会共识。

（四）廉洁主流化

通过宣传和教育，廉洁文化逐渐成为社会主流价值观，影响着人们的行为和道德观念。各类媒体广泛宣传廉洁典型事迹，社会各

---

① 《勐海县：用好年终考核"指挥棒"推动党风廉政建设抓实抓细》，勐海县纪委监委网站 2023 年 12 月 5 日。

② 《陕西持续深化检举举报平台应用　积极助推纪检监察工作高质量发展》，中共陕西省纪委监委驻省科技厅纪检监察组 2023 年 2 月 13 日。

③ 石哲：《检举举报渠道畅通便捷方便群众有效监督》，中央纪委国家监委网站 2024 年 2 月 27 日。

界积极开展廉洁主题活动，形成了崇尚廉洁、反对腐败的社会氛围。廉洁文化的普及和深化，使更多人自觉遵守廉洁规范，推动社会风气不断好转。

首先，媒体宣传廉洁典型事迹。中央电视台等主流媒体开设了《廉政中国》栏目，通过报道各地反腐败工作和廉洁典型事迹，向社会传递廉洁价值观。例如，《人民的名义》剧集在央视热播，不仅展示了反腐败斗争的复杂性，也宣传了廉洁从政的典型人物，深受观众喜爱。同时，各大新闻媒体定期报道廉洁典型事迹，如某市纪委监委网站上发布的廉洁榜样人物故事，通过真实案例展示廉洁的重要性和社会影响力。

其次，社会各界积极开展廉洁主题活动。一些地方政府和社区每年举办"廉洁文化月"活动，通过讲座、展览、竞赛等多种形式，宣传廉洁文化。例如，四川省纪委监委认真贯彻落实中央办公厅《关于加强新时代廉洁文化建设的意见》精神，坚持把廉洁文化建设作为一体推进"三不腐"的基础性工程抓紧抓实，会同省委宣传部等部门连续三年开展"510（我要廉）"廉洁文化宣传月活动，以党内政治文化为引领、以党员干部为重点、以人民群众为主体，不断丰富实践载体、融入基层治理，推动廉洁文化走向大众、浸润人心。① 许多企业积极开展廉洁教育活动，制定企业廉洁准则，并通过培训和宣传提升员工的廉洁意识。例如，贵州磷化集团结合企业实际，以"学党纪法规，树廉洁新风"为主题，在全集团内多形式开

---

① 夏芯：《推动廉洁文化走向大众》，《四川日报》2024 年 5 月 11 日。

展了党风廉政"警示教育月"活动。①

　　再次，社区和学校的廉洁教育。各地社区利用宣传栏、电子屏等工具，宣传廉洁文化知识，开展居民廉洁知识竞赛和廉洁故事分享会。例如，天津市河北区将廉洁文化元素纳入全国文明城区创建公益广告素材库，通过户外电子屏、LED 显示屏、道路公益广告牌、宣传栏等载体，在主次干道、商业大街和公共文化设施等阵地铺设公益广告，传播廉洁正能量。②

　　最后，廉洁文化节和公众参与。许多地方举办廉洁文化节，邀请社会各界人士参与，共同宣传廉洁文化。此外，一些地方开通了廉洁举报和参与平台，鼓励公众参与廉洁监督，通过各类宣传和教育活动，廉洁文化在社会中得到了广泛传播和认同，逐渐成为社会主流价值观，影响着人们的行为和道德观念，推动社会风气不断好转，形成了崇尚廉洁、反对腐败的良好社会氛围。

　　总之，新时代中华优秀传统廉洁文化的发展不仅继承了传统文化的精髓，更通过多样化的传播方式、教育体系的融合、廉政制度的完善以及社会风尚的转变，展现出新的面貌。这些新表现不仅使廉洁文化更加贴近现代生活，也为社会的健康发展提供了重要的精神支持和道德基础。通过不断创新和努力，新时代的中华优秀传统廉洁文化将继续发挥其独特的价值，为实现中华民族伟大复兴提供强大的精神动力和道德支撑。

---

　　① 《贵州磷化集团多单位开展党风廉政"警示教育月"活动》，新华网贵州频道 2023 年 9 月 25 日。

　　② 《河北区：多措并举用好用活区域资源，擦亮廉洁文化名片》，"廉韵津沽" 2023 年 10 月 11 日。

二、新时代中华优秀传统廉洁文化发展的新机遇

新时代中华优秀传统廉洁文化的发展面临诸多新机遇，这些机遇不仅为廉洁文化的传承和弘扬提供了有力支持，也为其注入了新的活力和动力，主要表现在以下方面：

（一）科技进步的推动

二十届中央纪委三次全会明确提出，推动数字技术深度融入纪检监察各项业务，建设一体化工作平台。信息技术的发展为廉洁文化的传播和监督提供了新的手段，如大数据分析、区块链技术等，有助于提升透明度和公信力。促进数字技术与纪检监察工作深度融合是顺应信息革命潮流的战略选择，是深入推进纪检监察体制改革的重要部署。

1. 大数据反腐

随着信息科学和计算科学的发展，互联网得到了广泛普及，新时代的反腐重要工具随即应运而生。大数据反腐依托信息数据呈现出的战略化、资产化和社会化等特征，利用视频监控系统中的视频和图像、GPS 地理定位数据、住宿记录、航班记录、银行记录、通话记录、上网 IP 地址和聊天记录等多种信息构筑"天网"，通过大数据技术，监测异常的资金流动、异常的通讯高峰和数据流向，有效甄别、分析、评估对象、行为及动向，锁定并进行预警、预防、追踪、定位及追捕、惩戒等反腐活动，提升反腐效能。[①] 尽管大数据

---

① 田湘波、刘真：《运用大数据　助力反腐败》，《检察日报》2016 年 4 月 12 日。

反腐及至目前在我国仍属于新兴前沿课题，但是各地开展了相关方面的实践与探索，并取得了一定的成果。例如，杭州建立"亲清在线"平台，利用大数据技术，实现政企在线活动全留痕、可追溯，通过引入互联网星级评价机制，实现企业对政府行为的在线监督，让公权力行使过程变得更为透明。①

　　大数据反腐的实质是信息技术与反腐工作的重新链接，也催生了反腐运行模式的变化，实现由互动式反腐向联动式反腐模式的转变。② 通过整合各类数据资源，数据平台可以实时监控公职人员及其相关行为信息，及时发现异常并预警，有助于提升反腐效能。因此，必须统一数据分类规则和汇聚标准，推动各类数据资源贯通融合，变"数据孤岛"为"数据集群"，为掌握信息、科学研判、决策指挥提供有力支撑。③ 以"红莲平台"为例。为了顺应科技创新与时代发展的大势，持续提升纪检监察工作的智能化、精准化水平，以大数据、信息化为助力推动新时代纪检监察工作实现高质量发展，北京市西城区纪委监委聚焦重点业务，全力打造"北京西城纪检监察一体化工作平台（简称西城红莲平台）"，积极探索纪检监察工作与"互联网+"的深度融合，初步建立起覆盖全区纪检监察系统、涵盖全区纪检监察干部，满足内网、外网、移动办公各类需求的全业务域信息化网络，向上对接市纪委平台，向下延伸至派驻机构、

　　① 《杭州：积极探索数字科技赋能政府治理》，浙江省纪委监委网站 2020 年 5 月 12 日。

　　② 杜晓燕：《应用大数据提升腐败治理的能力与成效》，《检察日报》2020 年 7 月 7 日。

　　③ 杨雅玲：《促进数字技术融入纪检监察业务》，中央纪委国家监委网站 2024 年 2 月 1 日。

派出机构、社区监督组、社区纪检工作人员、国有企业纪委，实现了信息化应用的常态化、长效化，形成了上下联动、监督检查、执纪问责、风险防控、宣传教育、办公协同等信息化建设与管理的崭新格局。[①]

然而，上述实践仅是数字赋能廉洁的基础平台，更为重要的改革诉求旨在通过平台整合了政府采购、项目审批、资金流向等多个方面的数据，通过大数据分析技术，识别潜在的廉政风险点。例如，在多个项目招投标过程中通过数据信息检测，发现异常频繁的同一供应商中标现象，通过大数据分析平台进行深入分析，最终发现串通投标的腐败行为并对其进行预警、监督、追踪与惩戒，通过大数据信息技术手段赋能反腐效能，提升廉洁指数。

2. 区块链反腐

区块链（Blockchain）本质上是一种分布式账本技术（Distributed Ledger Technology），同时也是分布在计算机设备或"节点"的对等网络中的分布式数据库，将区块链技术广泛嵌入到数字政务建设中，将有助于遏制腐败行为。[②] 我国腐败治理成绩斐然，但单一、中心化的治理模式制约了反腐工作的深化，而区块链本质上是一个去中心的分布式账本数据库，具有去中心化、不可伪造、不可撤销、可验证等特征，在促进信息共享、深化政务公开、保障举报人信息

---

① 《北京西城纪检监察一体化平台：打通数据壁垒，信息化赋能纪检监察工作提质增效》，"廉洁西城" 2023 年 5 月 8 日。

② 高辉、程佳琪：《区块链反腐的制度逻辑、国际经验及政策启示》，《中国领导科学》2021 年第 1 期。

安全和贪腐案件境外追逃追赃等方面具有不可替代的作用。① 区块链技术在我国反腐实践中仍属新兴领域，其潜能开发仍有待进一步挖掘。例如，区块链的不可篡改性和透明性，使得每一步交易和决策过程都被记录在链上，任何人都可以查阅和监督。因此可以利用区块链技术追踪政府采购和招投标流程，有助于提升数据监测公开与透明度的同时，链上的数据都是用数字记录的，其他人通过查看这串数字，是没办法反向推出举报人的身份信息的，因此有助于保护举报人信息被人肉受威胁。此外，根据交易流水能够查到赃款的流动去向，一定程度上有助于寻找外逃涉贪涉腐官员的位置，提升追逃效能。

总之，信息技术的发展，如大数据分析和区块链技术的应用，为廉洁文化的传播和监督提供了强有力的支持。这些技术手段不仅提升了政府工作的透明度和公信力，还有效预防和遏制了腐败行为的发生。通过科技的推动，廉洁文化在新时代焕发出新的生命力，成为社会治理和国家发展的重要保障。这些创新技术的应用，不仅展示了现代科技在廉政建设中的巨大潜力，也为其他地区和领域提供了宝贵的经验和借鉴。

（二）全球化背景下的文化交流

在全球化背景下，中国传统廉洁文化有机会与世界其他廉洁文化进行交流与碰撞，吸收借鉴其他国家的先进经验，提升自身的影响力。

---

① 田湘波、张紫薇：《区块链技术为深化反腐败斗争提供新助力》，《检察日报》2020 年 7 月 14 日。

以国际会议和论坛为例。首先，联合国反腐败公约会议。中国积极参与联合国反腐败公约会议，分享中国的廉洁文化和反腐经验，同时学习其他国家的成功做法。例如，在《联合国反腐败公约》第十届缔约国会议上，中国代表团详细介绍了中国在习近平主席坚强领导下，开展了史无前例的反腐败斗争取得的成就和经验。[①] 同时，中国代表也借此机会学习和借鉴了其他国家在反腐败制度设计、国际合作等方面的先进经验。其次，国际反腐败高层论坛。中国定期参加国际反腐败高层论坛，通过专题发言、圆桌讨论等形式，展示中国在反腐倡廉方面的努力和成就。

以文化交流活动为例。首先，"丝绸之路"国际文化交流活动。在"丝绸之路"国际文化交流活动中，廉洁文化成为重要展示内容之一，促进了中外文化的相互理解和融合。例如，2023 年 10 月 17 日至 18 日，第三届"一带一路"国际合作高峰论坛在北京举行，习近平主席出席高峰论坛开幕式并发表主旨演讲；作为高峰论坛重要配套活动之一，中央纪委国家监委于 10 月 18 日主办廉洁丝绸之路专题论坛，发布了《"一带一路"廉洁建设成效与展望》《"一带一路"廉洁建设高级原则》等重要成果，引起了与会国家的广泛兴趣和讨论。[②]

总之，通过国际会议、论坛和文化交流活动，中国传统廉洁文化在全球化背景下得到了广泛的展示和传播。中国不仅分享了自身在廉洁文化建设和反腐败方面的成功经验，也通过学习和借鉴其他

---

① 《中国代表团出席〈联合国反腐败公约〉缔约国会议》，光明网 2023 年 12 月 13 日。

② 《让"一带一路"成为廉洁之路——就廉洁丝绸之路专题论坛专访中央纪委国际监委国际合作局负责同志》，中央纪委国家监委网站 2023 年 10 月 19 日。

国家的先进做法，进一步提升了自身的影响力。这种跨文化的交流与碰撞，不仅促进了中外文化的相互理解和融合，也为全球廉洁文化的共同发展提供了宝贵的经验和智慧。通过这些努力，中国传统廉洁文化在全球化进程中焕发出新的生命力，为世界反腐败斗争和廉洁文化建设贡献了重要力量。

（三）政策支持的加强

国家层面不断出台相关政策，支持廉洁文化的发展，如反腐败斗争的深入推进，为廉洁文化的弘扬提供了有力的保障。

以反腐倡廉政策为例。党的十八大以来，国家出台了《十八届中央政治局关于改进工作作风、密切联系群众的八项规定》，强调严格控制公职人员的作风建设，从细节入手，防止奢侈浪费和官僚主义。广东省在落实中央八项规定过程中，出台了《贯彻落实〈十八届中央政治局关于改进工作作风、密切联系群众的八项规定〉实施办法》，从改进调查研究、精简会议文件、规范出访活动、改进新闻报道和加强督促检查等5个方面，提出30项具体措施，并将各项任务分解落实到省直13个相关部门，齐抓共管，确保中央八项规定在广东"落地生根"。① 此外，根据《十八届中央政治局关于改进工作作风、密切联系群众的八项规定》，各地纷纷建立起廉政风险防控体系，通过制定廉政风险清单和防控措施，强化对重点岗位和关键环节的监督，提升反腐败工作的科学化和系统化水平。

以法治建设为例。首先，《中华人民共和国监察法》。2018年通过的《中华人民共和国监察法》是中国反腐败工作的重要法律保障，

---

① 《广东贯彻落实中央八项规定》，共产党员网站2013年4月27日。

该法将所有行使公权力的公职人员纳入监察范围，建立了集中统一、权威高效的国家监察体制。例如，监察法规定，国家监察机关对所有行使公权力的公职人员依法实施监察，并对其履职、行使权力情况进行监督检查。这为反腐败工作提供了有力的法律支持，确保廉洁文化有法可依。各地通过实施监察法，建立了覆盖全省的监察体系，对所有行使公权力的公职人员进行全方位监督。江苏省纪委监委利用监察法这一法律武器，查处了一批重大腐败案件，有效震慑了腐败分子，提升了全省公职人员的廉洁自律意识。其次，《中华人民共和国公职人员政务处分法》进一步明确了对公职人员的政务处分制度，规定了对违纪违法公职人员的处分种类和适用程序。例如，该法对贪污受贿、滥用职权、玩忽职守等作出了明确的处罚规定，通过法律手段严格约束公职人员的行为，确保廉洁从政的底线。

总之，国家层面的政策支持，如反腐倡廉政策和法治建设，为廉洁文化的发展提供了坚实的保障。这些政策和法律法规的出台和实施，不仅有效遏制了腐败行为，提升了公职人员的廉洁意识，也为廉洁文化的弘扬和传播创造了良好的环境。通过政策支持的加强，新时代的中华优秀传统廉洁文化将继续发扬光大，为实现中华民族伟大复兴提供强大的精神动力和道德支撑。

（四）社会参与的广泛性

随着公民意识的提高，社会各界对廉洁文化的关注和参与度越来越高，共同推动廉洁文化的发展，主要表现在以下几个方面：

以公众监督为例。首先，举报平台和监督热线。政府通过开通举报平台、设立监督热线等方式，鼓励公众参与廉洁监督，形成全民反腐的社会氛围。为此全国各地开通了"阳光廉政"举报平台，方便群众举报腐败行为，增强了社会监督的力度。通过该平台，公众可以匿名举报涉嫌腐败的行为，政府部门会及时调查和处理，有效促进了廉洁文化的落实。"阳光廉政"举报平台不仅接受群众的腐败行为举报，还设立了实时跟踪和反馈机制，让举报人能够了解举报案件的处理进展。其次，公开听证会。一些地方政府组织公开听证会，邀请公众参与政府决策过程，提高透明度和公信力。例如，在重大公共工程项目招投标过程中，邀请市民代表、专家学者参加公开听证会，听取各方意见，确保决策公开透明，杜绝腐败现象。群众可以通过电话、网络等方式举报腐败行为或提供反腐线索。政府部门接到举报后，会及时调查并反馈处理结果，充分发挥了公众监督的作用。

以社会组织参与为例。首先，反腐倡廉协会。各类社会组织，如反腐倡廉协会、廉洁文化推广机构等，积极参与廉洁文化的宣传和推广活动。例如，北京廉洁文化促进会通过举办讲座、出版刊物等方式，向社会普及廉洁知识，推动廉洁文化深入人心。该协会每年举办多场反腐倡廉专题讲座，邀请专家学者解读反腐政策，分享反腐案例，吸引了大量市民参加。其次，廉洁文化志愿者。一些地方组织廉洁文化志愿者队伍，开展社区宣传和教育活动。例如，上海市成立了"廉洁文化志愿者服务队"，志愿者们定期在社区举办廉洁文化宣传活动，通过发放宣传资料、举办知识竞赛等方式，提高居民的廉洁意识。例如，上海市的"廉洁文化志愿者服务队"在社区中心举办了一场"反腐倡廉知识竞赛"，吸引了众多居民参与，通过竞赛形式普及廉洁知识，增强了活动的趣味性和参与度。

公众监督和社会组织的积极参与，不仅增强了社会的廉洁氛围，也提高了公众的廉洁意识和参与度。这些措施通过调动社会各界的积极性，形成了全民参与的廉洁文化建设格局，为新时代的廉洁文化发展提供了坚实的基础和广泛的社会支持。通过共同努力，廉洁文化将进一步深入人心，推动社会风气不断好转。

总之，新时代中华优秀传统廉洁文化的发展，不仅继承了传统文化的精髓，还通过科技进步、全球化背景下的文化交流、政策支持的加强以及社会广泛参与等新机遇，获得了新的发展动力。这些新机遇为廉洁文化的传播、推广和落实提供了强有力的支持，推动廉洁文化在新时代焕发出新的活力，成为社会进步和国家发展的重要力量。

三、"两个结合" 对中华优秀传统廉洁文化发展的新使命

"两个结合" 是指 "把马克思主义基本原理同中国具体实际相结合、同中华优秀传统文化相结合"①，是习近平总书记在庆祝中国共产党成立 100 周年大会上的重要讲话中明确提出的重大理论观点。"两个结合" 赋予中华优秀传统廉洁文化新的使命，使其在新时代背景下能够继续传承和发展，同时在全球化背景下展现出新的活力和影响力，为中国乃至世界的文化繁荣和社会进步贡献力量。"两个结合" 对中华优秀传统廉洁文化发展的新使命包括以下三个方面：

（一）理论创新与文化传承相结合

理论创新与文化传承的结合是中华优秀传统廉洁文化发展的重

---

① 《习近平谈治国理政》第 4 卷，外文出版社 2022 年版，第 10 页。

要途径并不是凭空判断，而是理性选择的结果。首先，理论创新能够为传统文化注入新的思想和观念，使其在新时代中保持活力。只有不断创新，传统文化才能适应现代社会的发展需求，不被时代淘汰。因为文化本身并非僵化的，而是鲜活的、时代的、变革的。随着社会的进步和变化，传统文化需要与时俱进。其次，通过理论创新，传统文化可以在新的历史条件下找到新的表达形式和应用方式，更好地融入当代社会生活。同时，创新能够使传统文化更具吸引力和影响力，尤其是对年轻一代和国际社会而言。再次，通过创新形式和内容，传统文化更容易被广泛接受和传播，从而扩大其影响力，使其在当代社会中得到有效应用和传承。最后，理论创新不仅是文化领域的需要，也是社会整体进步的动力。文化创新能够引领社会思想的进步，推动社会文明的发展，使传统文化成为社会发展的积极因素。因此，理论创新与文化传承的结合，能够实现传统文化在新时代的传承与发展，使其在保持传统精髓的同时，焕发新的生机与活力。

文化是时代的产物，同时时代的血液会给予文化新的蓄能激发新的动能与生命力，使其在新时代继续焕发光彩。新时代赋能文化传承与创新相结合的手段及实现途径主要包括以下方面：

第一，将传统文化中的经典著作、思想和观念进行现代化的解读和阐释，使其能够与当代社会的价值观和生活方式相契合。例如，《大学》《中庸》《论语》《孟子》《诗经》《尚书》《礼记》《周易》《春秋左氏传》《道德经》《孙子兵法》《资治通鉴》《史记》《增广贤文》《世说新语》等古典文献的现代解读，使其中的思想更加通俗易懂，并与现代教育理念结合。

第二，利用现代科技手段，如虚拟现实、增强现实、人工智能等，展示和传播传统文化。创新廉洁文化的传播方式，提高传播效果和覆盖面。近年来，我国各地利用 AI、VR 等新技术、新平台、新手段开展创新廉洁文化传播活动并取得一定成果。例如，陕西 VR 虚拟廉政教育馆是运用 VR 虚拟现实、三维可视化、数字展示、多媒体技术等科技手段，结合廉政教育现实需要开发制作而成的虚拟展示学习课件。① 在推进新时代廉洁文化教育的实践中，桂林市纪委监委突出政治导向、问题导向、需求导向，在打造广西党风廉政教育基地（桂林）、广西家教家风基地（桂林）等廉洁文化地标的基础上，开辟"互联网+廉洁文化教育"新路子，通过搭建多元平台、丰富教育形式、创作文艺作品，打造便捷高效、覆盖广泛的廉洁文化教育"线上课堂"，实现党员干部学习不断线、不掉队。② 例如，成都武侯区在推进"互联网+政务服务"打造廉洁规范服务新模式过程中，建立了以"六中心三平台"为核心的"制度+科技"腐败防控机制，实现了行政审批全流程网络智能监控，大幅降低了面对面办事的权力寻租风险。③ 深圳市在公共工程管理中推行廉洁文化，通过建立"透明工程"信息系统，将所有公共工程的招投标、施工进度、资金使用情况全部公开，接受社会各界监督。④

第三，将传统文化元素融入现代文创产品设计中，使其既保留

① 《VR 虚拟廉政教育馆，弘扬廉政文化、创新反腐倡廉宣传教育新手段》，搜狐网 2023 年 5 月 31 日。

② 潘攀、杨菲：《桂林："线上课堂"助推廉洁文化教育提质增效》，广西纪检监察网 2023 年 7 月 12 日。

③ 《成都武侯区："互联网+政务服务"打造廉洁规范服务新模式》，《华西都市报》2018 年 5 月 17 日。

④ 《〈深圳市建筑工务署打造优质廉洁政府工程行动方案〉（试行）发布》，深圳工务署 2018 年 3 月 27 日。

传统特色，又符合现代审美和消费需求。例如，故宫博物院的文创产品，将传统元素与现代设计相结合，受到广大消费者的喜爱。同时，在教育体系中融入传统文化课程，创新教学方法和内容，使学生能够更好地理解和接受传统文化。例如，开设传统文化体验课，通过书法、国画、茶艺等实践活动，学生亲身体验和感受传统文化。此外，创新形式举办文化活动和节庆，将传统文化与现代娱乐相结合，吸引更多人参与。例如，传统节日庆祝活动结合现代元素，如灯光秀、音乐会等，使传统节日焕发新的活力。

总之，理论创新与文化传承相结合，不仅是文化发展的重要途径，更是实现文化繁荣和社会进步的重要手段。通过这种结合，传统文化能够在新时代中继续焕发光彩，展现出强大的生命力和影响力。

（二）弘扬社会主义核心价值观与增强文化自信相结合

弘扬社会主义核心价值观是提升民族文化自信的重要手段。社会主义核心价值观包含了国家、社会和个人层面的基本价值观，如富强、民主、文明、和谐，自由、平等、公正、法治，爱国、敬业、诚信、友善等，为社会提供了明确的价值导向，有助于凝聚共识，形成强大的社会向心力。弘扬社会主义核心价值观能够使人们对自己的文化和制度有更深刻的认同感和自豪感。而这种认同感是文化自信的重要基础，使人们能够更加坚定地相信自己的文化体系和价值观念的正确性和优越性。加之，社会主义核心价值观强调和谐、公正和友善，有助于构建和谐社会，减少社会矛盾，增进社会团结，从而提升整个社会的凝聚力和文化自信；有助于引领积极向上的社会风尚，塑造良好的社会氛围；有助于提升国家和民族的国际形象和文化软实力；有助于个人的全面发展和自我提升。更为重要的是，社会主义核心价值观为文化创新提供了坚实的价值基础和指导方向，使得文化创新能够更加有序和具有意义，从而增强文化自信。

弘扬社会主义核心价值观与增强文化自信二者是相辅相成、正相关关系，即弘扬社会主义核心价值观有助于增强文化自信，增强文化自信必须弘扬社会主义核心价值观。将社会主义核心价值观融入传统文化，使其在现代社会中具有更强的感召力和影响力，从而增强人民群众的文化自信，可以采取以下具体做法：

第一，在各级学校的传统文化课程中，结合社会主义核心价值观进行教育，将传统文化中的道德观念与核心价值观相结合。例如，在语文课上，学习《论语》中的仁爱思想时，结合"友善"的核心价值观进行讲解，增强学生对仁爱精神的理解和认同。

第二，开发融合社会主义核心价值观和传统文化元素的文创产品，使人们在日常生活中感受到核心价值观的存在。例如，设计带有"诚实""守信""敬业"等字样和传统书法艺术的文创产品，如笔记本、手机壳等，使这些价值观潜移默化地影响人们。

第三，在传统节日和文化活动中，融入社会主义核心价值观的宣传和实践，使人们在参与活动的过程中感受到这些价值观的实际意义。例如，在春节联欢晚会等大型活动中，通过节目表演、短片展示等形式，传递"团结""友爱""互助""和谐"等核心价值观及理念。

第四，通过电视、广播、互联网等媒体渠道，宣传融合了社会主义核心价值观和传统文化的内容，提高人们对这些价值观的认同感。例如，制作融合传统文化故事和核心价值观的影视作品，如《孔子》《孟子》等影视剧，通过人物故事传递"真""善""美"

等弘扬社会主义核心价值观以及中华优秀传统廉洁文化等价值观。

第五，在社区开展传统文化学习和实践活动，结合社会主义核心价值观，增强社区居民的文化认同和自豪感。例如，社区组织书法、国画、茶艺等传统文化活动时，倡导"忠""孝""礼"等价值观，并评选"五好家庭""五好居民"等，鼓励居民践行核心价值观。

第六，政府在制定和实施文化政策时，将社会主义核心价值观作为指导原则，推动传统文化的传承和发展。例如，政府支持和资助传统文化项目时，要求项目内容体现"爱国""爱岗""敬业"等价值观，通过政策弘扬社会主义核心价值观。

第七，推动学术界对传统文化和社会主义核心价值观的研究，发掘二者的内在联系，推动理论创新。例如，通过高校和科研机构开展研究项目，探讨传统文化中的"仁爱""诚信""和谐"等理念与社会主义核心价值观的契合点，并形成学术成果。

将社会主义核心价值观融入传统文化，使其在现代社会中更具感召力和影响力，不仅能够提升人们对传统文化的认同和热爱，还能够增强整个社会的文化自信。弘扬社会主义核心价值观与增强文化自信相结合具有重要的理论与现实意义。

首先，社会主义核心价值观中的爱国、敬业、诚信、友善等能够增强社会成员之间的信任和合作，促进社会和谐与稳定。通过共同的价值观念，人们更容易形成团结一致的精神风貌，增强社会的凝聚力，减少矛盾和冲突。

其次，社会主义核心价值观是国家软实力的重要组成部分，能够增强国家在国际社会中的影响力和话语权。通过弘扬核心价值观，展示国家的文化魅力和精神风貌，更能赢得国际社会的尊重和认可，从而提升国家的国际形象。同时，社会主义核心价值观是当代中国价值体系的重要体现，通过弘扬这些价值观，能够增强人民群众对国家和民族的自信心和自豪感。

再次，核心价值观中的勤劳、敬业、诚信等观念能够激发人民群众的工作热情和创造力，有助于形成良好的社会风气和工作态度，促进经济发展和社会进步，有助于构建公平正义的社会环境，形成良好的社会道德风尚。通过弘扬这些价值观，社会成员更加遵守法律法规，诚信待人，从而形成一个更加和谐和公正的社会环境。

最后，社会主义核心价值观作为主流价值观，能够引领社会思潮和文化方向，抵御各种不良思潮的侵袭。

总之，弘扬社会主义核心价值观与增强文化自信相结合，不仅能够促进社会的和谐稳定和经济发展，还能够提升国家的文化软实力和国际影响力，增强人民群众的自信心和自豪感，推动文化的传承与创新，构建良好的社会道德风尚，引领社会思潮与文化方向，实现全面建设社会主义现代化国家的宏伟目标。

（三）加强国际交流与扩大廉洁文化影响力相结合

当今世界，文化本身已超出传统范畴，除承担伦理、社会功能外，文化产业已成为一种新的产业形态组合，凭借低能耗、低污染、高经济效益、高科技含量等优势，成为现代经济结构中的基础产业，并成为衡量一个国家（地区）综合实力和竞争优势的重要指标。[1]据统计，2005年，全球文化产业所创造的市场价值约为1.3万亿美

---

[1] 曹卫华：《丝绸之路经济带我国民族传统体育文化资源与产业发展研究》，陕西师范大学出版总社2021年版，第24页。

元，并以每年7%的速度增长；到2009年，已增至近1.7万亿美元，占全球GDP的8.5%。[①] 而中国社会科学院《2011年中国文化产业发展报告》的数据显示，在世界文化产业中，美国、欧洲、日本占比分别是43%、34%、10%，其他国家仅占比13%；其中，美国作为世界上文化产业最发达的国家，也是世界上文化影响力最大的国家，2010年美国版权产业产值已占美国GDP总量的18%～25%。[②] 因此，在全球化背景下，加强国际文化交流、积极发展文化产业，是提升中华文化影响力的关键。

加强国际交流与扩大廉洁文化影响力相结合意义重大，主要表现在以下方面：

第一，国际交流有助于推动全球反腐败合作，形成全球反腐败的合力。通过参与国际反腐败会议、签署国际反腐败条约等形式，加强与其他国家在反腐败领域的合作，共享反腐败经验和信息，提高全球反腐败的整体水平。

第二，加强廉洁文化的国际影响力，有助于提升国家的国际形象和地位。通过展示本国在廉洁治理方面的成果和经验，赢得国际社会的认可和尊重，从而提升国家的声誉和影响力。

第三，国际交流可以为国内廉洁文化建设提供宝贵的经验和借鉴，推动国内廉洁文化不断发展和完善。学习借鉴其他国家在廉洁治理方面的先进做法和成功经验，结合本国实际，创新廉洁文化建设的方式方法，提升廉洁文化建设的效果。

---

① 郑雄伟：《全球文化产业发展报告》，新浪财经2012年2月6日。

② 曹卫华：《丝绸之路经济带我国民族传统体育文化资源与产业发展研究》，陕西师范大学出版总社2021年版，第25页。

第四，廉洁文化的国际交流有助于增强国家间的互信，促进国际合作。通过透明和公正的廉洁治理，减少国际间的腐败疑虑，增强互信，推动在经济、政治、文化等领域的广泛合作。

第五，廉洁文化是全球治理的重要组成部分，加强廉洁文化的国际交流有助于促进全球治理的健康发展。通过共同推动廉洁文化建设，改善全球治理体系，提高全球治理的公正性和透明度，推动构建更加公正合理的国际秩序。

第六，国际交流能够提高人民对廉洁文化的认识和重视，增强廉洁意识。通过国际反腐败活动和宣传，增加人民对国际反腐败工作的了解，树立廉洁的价值观和道德观念，形成反腐败的社会共识。

第七，廉洁文化的推广有助于维护公平公正的市场环境，促进经济健康发展。通过廉洁文化的国际交流，推动各国加强市场监管和反腐败措施，营造公平竞争的国际市场环境，促进国际贸易和投资健康发展。

第八，通过国际交流和合作，支持联合国和其他国际组织在反腐败方面的工作，推动全球反腐败事业的发展。积极参与联合国和其他国际组织的反腐败项目和活动，贡献智慧和力量，推动全球反腐败工作取得更大进展。

第九，通过国际交流可以进一步发展我国的文化产业，提升我国新业态下文化产业的发展，增强文化产业对经济的贡献率，增强文化影响力。

总之，加强国际交流与扩大廉洁文化影响力相结合，不仅有助于推动全球反腐败合作，提升国家形象与国际地位，促进国内廉洁文化建设，还能够加强国际互信与合作，促进全球治理，提高人民的廉洁意识，维护公平公正的市场环境，支持国际组织的反腐败工作。这些都为构建清廉、公正、透明的国际社会奠定了坚实基础。

通过与世界各国进行文化交流与合作，展示中国文化的魅力和独特性，能够有效扩大中国文化的国际影响力。加强国际交流与扩大廉洁文化影响力相结合的具体做法包括以下几个方面：

第一，积极参与联合国、国际反腐败学院、经济合作与发展组织等国际反腐败组织和会议，分享本国的反腐败经验，学习他国的先进做法。例如，派代表参加联合国反腐败公约会议，提交反腐败工作报告，积极参与反腐败议题的讨论和决策。

第二，签署和履行《联合国反腐败公约》等国际反腐败公约，按照公约要求加强国内反腐败立法和执法。例如，根据《联合国反腐败公约》的要求，制定和修订相关法律法规，加强对腐败犯罪的打击力度。

第三，与其他国家和地区开展反腐败双边和多边合作，建立反腐败信息共享和执法合作机制。例如，与其他国家签署反腐败合作备忘录，建立反腐败信息共享平台，开展联合反腐败行动。

第四，举办和参与国际廉洁文化交流活动，推广廉洁文化理念和实践。例如，举办国际廉洁文化论坛、展览、研讨会等，邀请各国代表参加，分享廉洁文化建设经验。

第五，为其他国家提供反腐败培训和技术援助，帮助其提升反腐败能力。例如，组织反腐败官员赴国外开展培训交流，邀请他国反腐败专家来本国讲学，分享反腐败技术和方法。

第六，通过媒体、互联网等渠道，加强廉洁文化的国际宣传，展示本国反腐败成就和廉洁文化。例如，制作多语言反腐败宣传片，通过国际媒体播出。在社交媒体平台上开设反腐败专题栏目，分享廉洁文化内容。

第七，资助和支持国际反腐败项目，积极参与国际反腐败活动，贡献力量和智慧。例如，资助国际反腐败组织的项目，派遣专家参与国际反腐败行动，支持贫困国家的反腐败工作。

第八，加强与国际反腐败研究机构的合作，建立反腐败学术交流机制，促进学术研究和经验交流。例如，与国际反腐败研究机构签署合作协议，共同开展反腐败研究项目，定期举办学术研讨会和交流活动。

第九，鼓励本国企业参与国际反腐败合作，遵守国际反腐败标准和规范，推动企业廉洁文化建设。例如，组织企业参加国际反腐败会议，签署反腐败承诺书，开展企业反腐败培训和宣传。

第十，推动建立健全国际反腐败法律体系，加强国际反腐败法律合作。例如，倡议和参与制定国际反腐败法律文件，推动各国加强反腐败法律合作，促进跨国腐败案件的侦破和追逃追赃。

通过上述举措，加强国际交流与扩大廉洁文化影响力相结合，不仅能够推动全球反腐败合作，提高国际社会对廉洁文化的认知和认同，还能够提升国家的国际形象和影响力，促进国内廉洁文化建设，为构建廉洁、公正、透明的国际社会作出积极贡献。

近年来，我国围绕上述举措开展工作，取得了一定成绩。例如，通过"一带一路"倡议等国际合作平台，向世界展示中华廉洁文化的独特魅力，提升中国在国际社会的文化影响力。2023 年第三届"一带一路"国际合作高峰论坛在北京举行，会议邀请 30 余个国家反腐败机构、国际组织部长级官员，以及国内"一带一路"廉洁建设相关部门负责同志，香港、澳门特别行政区有关官员，国内有关学者、企业代表等共计 200 余人参会、交流研讨，并发布《"一带一路"廉洁建设成效与展望》，推出《"一带一路"廉洁建设高级原则》，建立"一带一路"企业廉洁合规评价体系，宣布继续举办"一带一路"合作伙伴反腐败研修班，商签多份反腐败合作谅解备忘录，发表专题论坛主席总结等，成果显著。① 此外，加强与东盟国家反腐合作也是近年来我国加强反腐国际协作、加强国际交流与扩大廉洁文化影响力相结合开展反腐实践。由于腐败每年会吞噬全球GDP 的 5% 以及所有商业合同价值的 10%，会影响经济繁荣和社会稳定，并动摇政府公信力和社会互信基础。正如菲律宾内政部副部长艾米莉·帕迪拉所言："东盟国家也面临腐败问题，贿赂会扭曲我们的经济秩序"，因此，地理位置相邻的中国与东盟在反腐败领域加强合作就显得十分必要，且我国与东盟之间已经在反腐败领域有过初步合作。2015 年 5 月 9 日，潜逃新加坡 4 年之久的江西省鄱阳县财政局经济建设股原股长李华波被遣返回国，便是中新双方依据《联合国反腐败公约》、践行《北京反腐败宣言》开展追逃追赃合作的成功案例。② 同时，加强与东盟国家的反腐协作也有助于我国加强国际交流与扩大廉洁文化影响力相结合，践行习近平总书记提出的"两个结合"理念，增强我国在国际社会的文化影响力。同时，吸收和借鉴世界优秀文化成果，也有助于促进中华文化的创新与发展。因此，加强国际交流与扩大廉洁文化影响力相结合，不仅能够有效推动全球反腐败合作，提升国家形象与国际地位，促进国内廉洁文化建设，还能够加强国际互信与合作，促进全球治理的透明与公正，提高人民的廉洁意识，维护公平公正的市场环境，并支持国际反腐

---

① 《让"一带一路"成为廉洁之路——就廉洁丝绸之路专题论坛专访中央纪委国家监委国际合作局负责同志》，中央纪委国家监委网站 2023 年 10 月 18 日。

② 《"零容忍"惩治腐败：中国与东盟将加强反腐败合作》，中央纪委国家监委网站 2016 年 11 月 5 日。

败组织和项目的发展。这些都为构建清廉、公正、透明的国际社会奠定了坚实的基础，有助于实现更加公平正义的全球治理目标。

总之，"两个结合"赋予了中华优秀传统廉洁文化新的使命，推动其在新时代背景下传承和发展。同时，增强了中国文化的国际影响力，为全球文化的繁荣和社会进作出贡献。通过理论创新与文化传承的结合、弘扬社会主义核心价值观与增强文化自信相结合、加强国际交流与扩大廉洁文化影响力相结合等发展使命的承担，中华优秀传统廉洁文化中的瑰宝将在新时代焕发出新的更加璀璨的光芒，发挥更加强大的对于个体、社会、国家的教育、净化、整合、塑造功能。

参考文献

一、经典著作

［1］《论语》，天地出版社 2021 年版。

［2］《孟子》，天地出版社 2021 年版。

［3］《道德经》，上海交通大学出版社 2021 年版。

［4］《韩非子》，岳麓书社 2015 年版。

［5］《资治通鉴》，北方文艺出版社 2019 年版。

［6］《大学》，中国商业出版社 2020 年版。

［7］《中庸》，中国商业出版社 2020 年版。

［8］《礼记》，西安交通大学出版社 2022 年版。

［9］《周易》，崇文书局 2023 年版。

［10］《尚书》，岳麓书社 2019 年版。

［11］《庄子》，北方文艺出版社 2019 年版。

［12］《大学·中庸》，上海译文出版社有限公司 2022 年版。

［13］《诗经》，三秦出版社 2018 年版。

［14］《易经》，书海出版社 2001 年版。

［15］《左氏春秋传》，中国书店 2022 年版。

［16］《孙子兵法》，中国商业出版社 2020 年版。

［17］《史记》，四川人民出版社 2020 年版。

［18］《增广贤文》，中国商业出版社 2019 年版。

［19］《世说新语》，岳麓书社 2022 年版。

［20］《三国志》，辽宁人民出版社 2018 年版。

［21］《晋书》，商务印书馆 1934 年版。

［22］《旧唐书》，克孜勒苏柯尔克孜文出版社 2007 年版。

［23］《新唐书》，吉林人民出版社 2023 年版。

［24］《河上公章句·老子道德经》，上海古籍出版社 2002 年版。

［25］《中国共产党的一百年》，中共党史出版社 2022 年版。

［26］《建党以来重要文献选编（1921—1949）》（共 26 册），中央文献出版社 2011 年版。

［27］《中共中央文件选集（1949—1966）》（全 50 册），人民出版社 2013 年版。

［28］《三中全会以来重要文献选编》（上、下），中央文献出版社 2011 年版。

［29］《十二大以来重要文献选编》（上、中、下），中央文献出版社 2011 年版。

［30］《十三大以来重要文献选编》（上、中、下），中央文献出版社 2011 年版。

［31］《十四大以来重要文献选编》（上、中、下），中央文献出版社 2011 年版。

［32］《十五大以来重要文献选编》（上、中、下），中央文献出版社 2011 年版。

［33］《十六大以来重要文献选编》（上、中、下），中央文献出版社 2011 年版。

［34］《十七大以来重要文献选编》（上、中、下），中央文献出版社 2013 年版。

［35］《十八大以来重要文献选编》（上、中、下），中央文献出版社 2018 年版。

［36］《十九大以来重要文献选编》（上、中、下），中央文献出版社 2019 年、2021 年、2023 年版。

［37］费孝通：《乡土中国》，湖南人民出版社 2022 年版。

［38］梁漱溟：《中国文化要义》，上海人民出版社 2018 年版。

［39］殷海光：《中国文化的展望》，中国和平出版社 1998 年版。

［40］余英时：《士与中国文化》，上海人民出版社 2013 年版。

［41］胡适：《中国思想史》，吉林出版集团股份有限公司 2017 年版。

［42］冯友兰：《中国现代哲学史》，广东人民出版社 2019 年版。

［43］钱穆：《中国历史精神》，九州出版社 2020 年版。

［44］张立文：《国学的新视野和新诠释》，济南出版社 2020 年版。

［45］于铁丘：《清官崇拜谈：从包拯到海瑞》，济南出版社 2004 年版。

［46］沈其新：《中华廉洁文化与中国共产党先进性建设》，湖南大学出版社 2008 年版。

［47］唐贤秋：《廉之恒道：中国传统廉政文化现代化转换研究》，中国社会科学出版社 2014 年版。

［48］曹卫华：《丝绸之路经济带我国民族传统体育文化资源与产业发展研究》，陕西师范大学出版总社 2021 年版。

［49］王贵水：《官德的力量》，北京联合出版公司 2012 年版。

［50］吾淳：《中国文化·哲学思想》，五洲传播出版社 2014 年版。

［51］刘文忠：《台湾思想库在两岸关系中的角色研究》，九州出版社 2021 年版。

［52］傅才武、余东林：《国家文化与国民文化的构造及其转换》，武汉大学出版社 2021 年版。

［53］金帛：《当代中国概览》，五洲传播出版社 2023 年版。

［54］周文夫、彭建强：《农村现代化问题研究》，河北人民出版社 2017 年版。

［55］周毅：《中华传统文化与人生修养》，四川大学出版社 2016 年版。

［56］向怀林：《中国传统文化要述》，重庆大学出版社 2016 年版。

［57］刘文勇：《先秦两汉魏晋南北朝文论讲疏》，巴蜀书社 2011 年版。

［58］王贵声：《人类文化进化论》，中国言实出版社 2007 年版。

［59］龚贤：《中国文化导论》，九州出版社 2018 年版。

［60］史新国：《文镜》，团结出版社 2013 年版。

［61］吕思勉：《中国简史》，民主与建设出版社 2023 年版。

［62］朱大渭：《群雄纷争 频繁更迭：朱大渭说魏晋南北朝》，生活·读书·新知三联书店 2018 年版。

［63］尚明轩：《辛亥革命与 20 世纪中华民族的振兴》，团结出版社 2002 年版。

［64］林家有：《孙中山研究》，广东人民出版社 2019 年版。

［65］陈鹏键：《中国近现代执政案例选编》，上海社会科学院

出版社 2006 年版。

　　［66］［德］鲁道夫·瓦格纳著，杨立华译：《王弼〈老子注〉研究》，江苏人民出版社 2009 年版。

　　［67］［英］迈克尔·拜拉姆著，和静、赵媛译：《跨文化交际与国际汉语教学》，外语教学与研究出版社 2017 年版。

　　［68］［日］高木智见著，何晓毅译：《先秦社会与思想：试论中国文化的核心》，上海古籍出版社 2011 年版。

　　［69］［美］艾尔曼著，赵刚译：《从理学到朴学：中华帝国晚期思想与社会变化面面观》，江苏人民出版社 2018 年版。

　　［70］［日］福原启郎著，陆帅译：《晋武帝司马炎》，江苏人民出版社 2020 年版。

　　［71］［美］苏珊·罗斯·艾克曼著，王江、程文浩译：《腐败与政府》，新华出版社 1999 年版。

　　［72］［德］狄培理著，闵锐武，闵月译：《德与礼：亚洲人对领导能力与公众利益的理想》，江苏人民出版社 2022 年版。

二、期刊论文

　　［1］黄佳丽：《中华传统廉洁文化传承发展的三维向度》，《学校党建与思想教育》2024 年第 10 期。

　　［2］刘信君、李明飞：《新时代执政党廉洁文化建设的核心要义及实践意义》，《理论探讨》2024 年第 3 期。

　　［3］唐贤秋、解桂海：《论中华传统廉洁文化创造性转化创造性发展》，《齐鲁学刊》2023 年第 5 期。

　　［4］李朝阳、靳志鹏：《习近平汲取中华优秀传统文化智慧推进全面从严治党研究》，《天津师范大学学报（社会科学版）》2023

年第 3 期。

　　[5] 丁秀芹、陈柯：《传统与现代：中国传统廉洁文化对大学生廉洁意识的塑造》，《宁夏社会科学》2015 年第 6 期。

　　[6] 张忠良、张丹丹：《和谐社会视域中的中华廉洁文化的构建》，《江汉论坛》2007 年第 3 期。

　　[7] 桑学成、郭凯：《以廉洁文化涵养时代新风》，《红旗文稿》2024 年第 4 期。

　　[8] 齐卫平：《廉洁文化：新时代党的建设新的伟大工程的重大任务》，《理论与改革》2024 年第 1 期。

　　[9] 杜治洲：《廉洁文化的基本内涵、形成机理与建设策略》，《理论探索》2023 年第 4 期。

　　[10] 张建晓：《新时代廉洁文化建设的现实挑战及其应对》，《理论导刊》2023 年第 5 期。

　　[11] 赵跃：《理念、话语与模式：跨文化语境下儒家文化国际传播的当代进路》，《孔子研究》2024 年第 2 期。

　　[12] 杨一纯、张春泥、孙妍：《儒家的文化范式——基于中美跨文化比较视角的考察》，《学术月刊》2024 年第 3 期。

　　[13] 陈立旭：《从古今中西之争到新的文化生命体》，《浙江社会科学》2024 年第 3 期。

　　[14] 任建明：《腐败两重危害模型与廉洁文化建设思考》，《学术界》2022 年第 9 期。

　　[15] 伍洪杏：《中国传统廉洁文化的伦理检视》，《理论探索》2022 年第 2 期。

　　[16] 宗苏琴：《清风徐来 以文化人——扬州市廉洁主题文物展的实践与思考》，《东南文化》2021 年第 S1 期。

［17］任建明、胡光飞：《文化反腐：历史反思、特点分析及手段策略》，《理论视野》2018 年第 9 期。

［18］徐静：《廉洁文化价值构建的基本问题》，《贵州社会科学》2017 年第 11 期。

［19］王卫兵：《改革开放以来中国共产党廉洁文化研究》，中共中央党校（国家行政学院）2018 年博士学位论文。

［20］陈玮：《大学生廉洁文化教育研究》，华东师范大学 2018 年博士学位论文。

［21］郑善文：《中国共产党廉洁文化建设研究》，苏州大学 2018 年博士学位论文。

［22］邓学源：《当代中国廉洁文化及其价值研究》，湖南大学 2011 年博士学位论文。

［23］赵亚男：《新中国成立以来中国共产党廉政文化建设研究》，武汉大学 2017 年博士学位论文。

［24］郝俊杰：《中国特色网络廉政文化建设研究》，电子科技大学 2014 年博士学位论文。

［25］田志闯：《当代中国廉政文化建设研究》，大连理工大学 2012 年博士学位论文。

［26］刘中：《新时期廉政文化建设问题研究》，天津师范大学 2012 年博士学位论文。

［27］赵秀月：《推进中国廉政文化建设研究》，东北师范大学 2010 年博士学位论文。

［28］廖冲绪：《改革开放以来中国共产党反腐倡廉理论与实践研究》，西南交通大学 2017 年博士学位论文。

［29］王洪彬：《政治文明视野下反腐倡廉研究》，大连海事大

学 2015 年博士学位论文。

[30] 程金福：《媒介权力与政治权力的结构变迁——当代中国大众传媒与反腐倡廉研究》，复旦大学 2007 年博士学位论文。

[31] 尹世尤：《廉洁文化视域下中华民族时代精神培育研究》，湖南大学 2011 年博士学位论文。

[32] 孙延斌：《新时代大学生廉洁意识培育研究》，哈尔滨师范大学 2023 年博士学位论文。

[33] 罗静：《不同历史时期中国共产党廉洁教育的内容体系与当代启示》，华中师范大学 2017 年博士学位论文。

[34] 周至涯：《以人为本的廉洁教育研究》，西南交通大学 2014 年博士学位论文。

后 记

中华优秀传统廉洁文化不仅是中华文化的血脉、记忆，更是中华文明的重要构成，其深厚的历史底蕴和独特的价值体系为我们提供了丰富的研究素材和广阔的研究空间，更为中华民族提供了共同体意识、文化根基与强大动能。中华优秀传统廉洁文化的传承、发展与创新，不仅事关传统与文化、伦理与教育、精神与思想，更是新时代我国文化产业健康发展的基础与保障。因此，回溯总结基础的梳理研究不仅有助于总结概括，更有益于未来与发展，是一项具有现实与长远意义的工作。

为了撰写本书，笔者查阅了古今中外的文献资料，深入分析了廉洁文化在各个历史阶段的发展脉络与现实意义。通过系统梳理和多角度探讨，力求全面展示中华优秀传统廉洁文化的核心内涵与时代价值，为广大读者提供一份深入了解和传承廉洁文化的参考资料。

本书的编撰离不开各界人士的支持与帮助。特别感谢在研究过程中给予指导和建议的专家学者们，他们的宝贵意见和无私帮助使笔者的研究工作得以顺利开展。同时，也要感谢笔者的家人和朋友，他们在笔者潜心研究、反复修改的过程中给予了无限的支持和理解。

在书稿即将付梓之际，笔者深知本书仍有许多不足之处。在研究过程中，笔者力求严谨，但限于时间和能力，难免会有疏漏和不足。因此，诚挚地欢迎广大读者和同行专家提出宝贵意见和建议，以便在今后的研究和修订中进一步完善和提高。

廉洁文化是中华民族的宝贵精神财富，是实现中华民族伟大复兴的重要思想资源。在全球化的今天，传承和弘扬中华优秀传统廉洁文化，不仅有助于提升国家的文化软实力，也能为全球反腐倡廉事业贡献中国智慧。希望本书的出版，能够在廉洁文化研究和实践中起到积极的推动作用。

最后，再次感谢所有关心和支持本书编撰工作的人员，感谢你们的理解、支持与鼓励。愿我们共同努力，为中华优秀传统廉洁文化的传承与发展，为构建廉洁、公正、透明的社会贡献绵薄之力。

董娟

2024 年 6 月 6 日